D1149757

Denis Diderot

Lettre sur les aveugles

à l'usage de ceux qui voient

Gallimard

Ce texte est extrait des Œuvres de Denis Diderot
(Bibliothèque de la Pléiade).

Denis Diderot naît le 5 octobre 1713 à Langres en Champagne. Son père est coutelier. Il est éduqué chez les jésuites et reçoit la tonsure en 1726. Lorsque son père s'installe à Paris, le jeune homme étudie aux collèges Louis-le-Grand et Harcourt, puis à l'Université. Reçu bachelier en théologie, il décide de se tourner ensuite vers le droit, mais ne parvient pas à choisir une carrière. Lassé de voir son fils mener une vie de bohème, son père lui coupe les vivres et Diderot doit exercer différents métiers : précepteur, professeur de mathématiques, journaliste, traducteur... En 1741, il rencontre Anne-Antoinette, la fille de sa lingère et « belle comme un ange », qu'il finit par épouser en secret deux ans plus tard, sans l'accord de son père. Naîtront quatre enfants, dont seule Angélique survivra. Diderot fait de nombreuses traductions et publie les *Pensées philosophiques* en 1746. Le livre est condamné par le Parlement à être « lacéré et brûlé » comme « scandaleux, contraire à la religion et aux bonnes mœurs ». Le philosophe fait la connaissance de Rousseau, d'Alembert et Condillac ; Diderot et d'Alembert lancent le projet de l'*Encyclopédie* dont ils assureront la direction pendant près de vingt ans. *Les bijoux indiscrets*, roman philosophique et libertin, paraît clandestinement en 1748. L'année suivante, il publie la *Lettre sur les aveugles à l'usage de ceux qui voient*, dont la hardiesse de pensée lui vaut d'être aussitôt emprisonné quelques mois à Vincennes. En 1751, le premier tome de l'*Encyclopédie* paraît et provoque une vive agitation. Madame de Pompadour doit intervenir pour soutenir la publication du deuxième volume. Les tomes suivants paraissent officiellement entre 1753 et 1759. Diderot fait la connaissance de Louise Henriette Volland, qu'il appelle Sophie, et entame avec elle une liaison passionnée et une abondante correspondance. En 1759, le privilège de l'*Encyclopédie* est révoqué et le pape condamne l'entreprise ; mise à l'index, l'*Encyclopédie* est alors diffusée clandestinement. La tsarine Catherine II propose de poursuivre l'impression en Russie, mais le philosophe refuse. L'impératrice lui verse alors une rente annuelle et le fait nommer membre de l'Académie impériale des arts de Saint-Pétersbourg. Il écrit *La Religieuse*, *Le neveu de Rameau*, *Le rêve de d'Alembert* et, en 1771, la première version de *Jacques le Fataliste*. En 1773, il entreprend un long voyage qui le conduit en Hollande et en Russie où il s'entretient quotidiennement avec Catherine II. Sa santé se dégrade lentement. Sophie Volland meurt en février 1784, Diderot meurt quelques mois plus tard, le 31 juillet. Il est inhumé à l'église Saint-Roch à Paris.

Philosophe des Lumières, romancier, dramaturge, Denis Diderot s'est montré soucieux de rejeter les préjugés et de développer l'esprit critique de ses contemporains afin de faire triompher la raison.

Découvrez, lisez ou relisez les livres de Denis Diderot :

LES BIJOUX INDISCRETS (Folio n° 1343)

LES DEUX AMIS DE BOURBONNE ET AUTRES CONTES
   (Folio n° 3658)

JACQUES LE FATALISTE ET SON MAÎTRE (Folio n° 763)

LETTRES À SOPHIE VOLLAND (Folio n° 1547)

INTRODUCTION

Dans ce court écrit scientifique et philosophique publié en 1749, Denis Diderot rend compte d'une expérience de Réaumur qui, après avoir opéré un aveugle de naissance de la cataracte, avait convié quelques hommes de science, dont Diderot, à observer les premières réactions de son patient au contact de la lumière. Or l'assistance comprit rapidement que l'aveugle avait recouvré la vue avant cette séance. Dans son discours transparaissait le témoignage d'expériences visuelles antérieures.

Diderot rapporte ces faits au début de sa *Lettre* et développe une réflexion philosophique sur cette sorte de supercherie. Il raconte une visite faite à un aveugle, visite dont il tire, hypothèses et arguments à l'appui, des conclusions solides et ingénieuses : l'aveugle a accès à la construction logique des idées bien qu'aucune réalité n'étaye ou ne vérifie ses dires. Bien plus, le domaine de l'abstraction semble familier à l'aveugle qui ne peut tirer ses certitudes de l'observation des faits naturels. Par conséquent, tous les grands raisonnements que nous tirons des merveilles de la nature — merveilles qui n'ont guère de sens pour les aveugles — et qui tendent à prouver l'existence de l'Être suprême, paraissent faibles. Diderot met ainsi en garde son lecteur contre la référence à l'absolu en prônant que « nos idées les plus purement intellectuelles tiennent de fort près à la conformité de notre corps ».

En observant le mathématicien aveugle anglais Saunderson, Diderot montre comment il parvient à élaborer pour lui-même, à partir de ses sensations, les principaux fondements des mathématiques et de l'optique.

En quelques pages désormais célèbres, Diderot énonce les fondements de sa critique des idéalismes et apparaît comme un des acteurs essentiels de la philosophie matérialiste. Cette *Lettre sur les aveugles* est un discours libre, à mi-chemin entre la conversation et l'essai, où Diderot révèle son esprit audacieux et passionné.

(D'après le *Dictionnaire des œuvres*
Laffont-Bompiani)

LETTRE
SUR LES AVEUGLES
À L'USAGE DE CEUX QUI VOIENT

Possunt, nec posse videntur.
Virg., *Æneid.*, Lib. V, vers. 231

Je me doutais bien, madame, que l'aveugle-
né, à qui M. de Réaumur vient de faire abattre
la cataracte, ne nous apprendrait pas ce que
vous vouliez savoir ; mais je n'avais garde de deviner que ce ne serait ni sa faute, ni la vôtre. J'ai
sollicité son bienfaiteur par moi-même, par ses
meilleurs amis, par les compliments que je lui ai
faits ; nous n'en avons rien obtenu, et le premier appareil se lèvera sans vous. Des personnes
de la première distinction ont eu l'honneur de
partager son refus avec les philosophes ; en un
mot, il n'a voulu laisser tomber le voile que devant quelques yeux sans conséquence. Si vous
êtes curieuse de savoir pourquoi cet habile aca-
démicien fait si secrètement des expériences
qui ne peuvent avoir, selon vous, un trop grand
nombre de témoins éclairés, je vous répondrai
que les observations d'un homme aussi célèbre

13

ont moins besoin de spectateurs, quand elles se font, que d'auditeurs, quand elles sont faites. Je suis donc revenu, madame, à mon premier dessein ; et, forcé de me passer d'une expérience où je ne voyais guère à gagner pour mon instruction ni pour la vôtre, mais dont M. de Réaumur tirera sans doute un bien meilleur parti, je me suis mis à philosopher avec mes amis sur la matière importante qu'elle a pour objet. Que je serais heureux, si le récit d'un de nos entretiens pouvait me tenir lieu, auprès de vous, du spectacle que je vous avais trop légèrement promis !

Le jour même que le Prussien faisait l'opération de la cataracte à la fille de Simoneau, nous allâmes interroger l'aveugle-né du Puisaux : c'est un homme qui ne manque pas de bon sens ; que beaucoup de personnes connaissent ; qui sait un peu de chimie, et qui a suivi, avec quelques succès, les cours de botanique au Jardin du Roi. Il est né d'un père qui a professé avec applaudissement la philosophie dans l'université de Paris. Il jouissait d'une fortune honnête, avec laquelle il eût aisément satisfait les sens qui lui restent ; mais le goût du plaisir l'entraîna dans sa jeunesse : on abusa de ses penchants ; ses affaires domestiques se dérangèrent, et il s'est retiré dans une petite ville de province, d'où il fait tous les ans un voyage à Paris. Il y apporte des liqueurs qu'il distille, et dont on est très content. Voilà, madame, des circonstances assez peu philosophiques ; mais, par cette raison même, plus propres à vous faire juger que le personnage dont je vous entretiens n'est point imaginaire.

Nous arrivâmes chez notre aveugle sur les cinq heures du soir, et nous le trouvâmes occupé à faire lire son fils avec des caractères en relief : il n'y avait pas plus d'une heure qu'il était levé ; car vous saurez que la journée commence pour lui, quand elle finit pour nous. Sa coutume est de vaquer à ses affaires domestiques, et de travailler pendant que les autres reposent. À minuit, rien ne le gêne ; et il n'est incommode à personne. Son premier soin est de mettre en place tout ce qu'on a déplacé pendant le jour ; et quand sa femme s'éveille, elle trouve ordinairement la maison rangée. La difficulté qu'ont les aveugles à recouvrer les choses égarées les rend amis de l'ordre ; je me suis aperçu que ceux qui les approchaient familièrement partageaient cette qualité, soit par un effet du bon exemple qu'ils donnent, soit par un sentiment d'humanité qu'on a pour eux. Que les aveugles seraient malheureux sans les petites attentions de ceux qui les environnent ! Nous-mêmes, que nous serions à plaindre sans elles ! Les grands services sont comme de grosses pièces d'or ou d'argent qu'on a rarement occasion d'employer ; mais les petites attentions sont une monnaie courante qu'on a toujours à la main.

Notre aveugle juge fort bien des symétries. La symétrie, qui est peut-être une affaire de pure convention entre nous, est certainement telle, à beaucoup d'égards, entre un aveugle et ceux qui voient. À force d'étudier par le tact la disposition que nous exigeons entre les parties qui composent un tout, pour l'appeler beau, un aveugle parvient à faire une juste application de ce terme. Mais quand il dit : *cela est beau*, il ne juge pas ; il rapporte seulement le jugement de ceux qui voient : et que font autre chose les trois quarts de ceux qui décident d'une pièce de théâtre, après l'avoir entendue, ou d'un livre, après l'avoir lu ? La beauté, pour un aveugle, n'est qu'un mot, quand elle est séparée de l'utilité ; et avec un organe de moins, combien de choses dont l'utilité lui échappe ! Les aveugles ne sont-ils pas bien à plaindre de n'estimer beau que ce qui est bon ? combien de choses admirables perdues pour eux ! Le seul bien qui les dédommage de cette perte, c'est d'avoir des idées du beau, à la vérité moins étendues, mais plus nettes que des philosophes clairvoyants qui en ont traité fort au long.

Le nôtre parle de miroir à tout moment. Vous croyez bien qu'il ne sait ce que veut dire le mot miroir ; cependant il ne mettra jamais une glace à contre-jour. Il s'exprime aussi sensément que nous sur les qualités et les défauts de l'organe qui lui manque : s'il n'attache aucune idée aux termes qu'il emploie, il a du moins sur la plupart des autres hommes l'avantage de ne les prononcer jamais mal à propos. Il discourt si bien et si juste de tant de choses qui lui sont absolument inconnues, que son commerce ôterait beaucoup de force à cette induction que nous faisons tous, sans savoir pourquoi, de ce qui se passe en nous à ce qui se passe au-dedans des autres.

Je lui demandai ce qu'il entendait par un miroir : « Une machine, me répondit-il, qui met les choses en relief loin d'elles-mêmes, si elles se trouvent placées convenablement par rapport à elle. C'est comme ma main, qu'il ne faut pas que je pose à côté d'un objet pour le sentir. » Descartes, aveugle-né, aurait dû, ce me semble, s'applaudir d'une pareille définition. En effet, considérez, je vous prie, la finesse avec laquelle il a fallu combiner certaines idées pour y parvenir. Notre aveugle n'a de connaissance des objets que par le toucher. Il sait, sur le rapport des autres hommes, que par le moyen de la vue on connaît les objets, comme ils lui sont connus par le toucher ; du moins, c'est la seule notion qu'il s'en puisse former. Il sait, de plus, qu'on ne peut voir son propre visage, quoiqu'on puisse le toucher. La vue, doit-il conclure, est donc une espèce de toucher qui ne s'étend que sur les objets différents de notre visage, et éloignés de nous. D'ailleurs, le toucher ne lui donne l'idée que du relief. Donc, ajoute-t-il, un miroir est une machine qui nous met en relief hors de nous-mêmes. Combien de philosophes renommés ont employé moins de subtilité, pour arriver à des notions aussi fausses ! mais combien un miroir doit-il être surprenant pour notre aveugle ? Combien son étonnement dut-il augmenter, quand nous lui apprîmes qu'il y a de ces sortes de machines qui agrandissent les objets ; qu'il y en a d'autres qui, sans les doubler, les déplacent, les rapprochent, les éloignent, les font apercevoir, en dévoilent les plus petites parties aux yeux des naturalistes ; qu'il y en a qui les multiplient par milliers, qu'il y en a enfin qui paraissent les défigurer totalement ? Il nous fit cent questions bizarres sur ces phénomènes. Il nous demanda, par exemple, s'il n'y avait que ceux qu'on appelle naturalistes qui vissent avec le microscope ; et si les astronomes étaient les seuls qui vissent avec le télescope ; si la machine qui grossit les objets était plus grosse que celle qui les rapetisse ; si celle qui les rapproche était plus courte que celle qui les éloigne ; et ne comprenant point comment cet autre nous-même que, selon lui, le miroir répète en relief, échappe au sens du toucher : « Voilà, disait-il, deux sens qu'une petite machine met en contradiction : une machine plus parfaite les mettrait peut-être plus d'accord, sans que, pour cela, les objets en fussent plus réels ; peut-être une troisième plus parfaite en-

18

core, et moins perfide, les ferait disparaître, et nous avertirait de l'erreur. »

Et qu'est-ce, à votre avis, que des yeux ? lui dit M. de... « C'est, lui répondit l'aveugle, un organe, sur lequel l'air fait l'effet de mon bâton sur ma main. » Cette réponse nous fit tomber des nues ; et tandis que nous nous entre-regardions avec admiration : « Cela est si vrai, continua-t-il, que quand je place ma main entre vos yeux et un objet, ma main vous est présente, mais l'objet vous est absent. La même chose m'arrive, quand je cherche une chose avec mon bâton, et que j'en rencontre une autre. »

Madame, ouvrez la *Dioptrique* de Descartes, et vous y verrez les phénomènes de la vue rapportés à ceux du toucher, et les planches d'optique pleines de figures d'hommes occupés à voir avec des bâtons. Descartes, et tous ceux qui sont venus depuis, n'ont pu nous donner d'idées plus nettes de la vision ; et ce grand philosophe n'a point eu à cet égard plus d'avantage sur notre aveugle que le peuple qui a des yeux.

Aucun de nous ne s'avisa de l'interroger sur la peinture et sur l'écriture : mais il est évident qu'il n'y a point de questions auxquelles sa comparaison n'eût pu satisfaire ; et je ne doute nullement qu'il ne nous eût dit, que tenter de lire ou de voir sans avoir des yeux, c'était chercher une épingle avec un gros bâton. Nous lui

parlâmes seulement de ces sortes de perspecti-
ves, qui donnent du relief aux objets, et qui ont
avec nos miroirs tant d'analogie et tant de différence à la fois ; et nous nous aperçûmes qu'elles
nuisaient autant qu'elles concouraient à l'idée
qu'il s'est formée d'une glace, et qu'il était tenté
de croire que la glace peignant les objets, le

peintre, pour les représenter, peignait peut-être une glace.

Nous lui vîmes enfiler des aiguilles fort menues. Pourrait-on, madame, vous prier de suspendre ici votre lecture et de chercher comment vous vous y prendriez à sa place ? En cas que vous ne rencontriez aucun expédient je vais vous dire celui de notre aveugle. Il dispose l'ouverture de l'aiguille transversalement entre ses lèvres, et dans la même direction que celle de sa bouche ; puis, à l'aide de sa langue et de la succion, il attire le fil qui suit son haleine, à moins qu'il ne soit beaucoup trop gros pour l'ouverture ; mais, dans ce cas, celui qui voit n'est guère moins embarrassé que celui qui est privé de la vue.

Il a la mémoire des sons à un degré surprenant ; et les visages ne nous offrent pas une diversité plus grande que celle qu'il observe dans les voix. Elles ont pour lui une infinité de nuances délicates qui nous échappent, parce que nous n'avons pas, à les observer, le même intérêt que l'aveugle. Il en est pour nous de ces nuances comme de notre propre visage. De tous les hommes que nous avons vus, celui que nous nous rappellerions le moins, c'est nous-même. Nous n'étudions les visages que pour reconnaître les personnes ; et si nous ne retenons pas le nôtre, c'est que nous ne serons jamais exposés à nous prendre pour un autre, ni un autre pour nous. D'ailleurs les secours que nos sens se prêtent

21

mutuellement les empêchent de se perfectionner. Cette occasion ne sera pas la seule que
j'aurai d'en faire la remarque.

Notre aveugle nous dit, à ce sujet, qu'il se
trouverait fort à plaindre d'être privé des mêmes
avantages que nous, et qu'il aurait été tenté de
nous regarder comme des intelligences supé-
rieures, s'il n'avait éprouvé cent fois combien
nous lui cédions à d'autres égards. Cette réflexion nous en fit faire une autre. Cet aveugle,
dîmes-nous, s'estime autant et plus peut-être que
nous qui voyons : pourquoi donc, si l'animal rai-
sonne, comme on n'en peut guère douter, ba-
lançant ses avantages sur l'homme, qui lui sont
mieux connus que ceux de l'homme sur lui, ne
porterait-il pas un semblable jugement ? Il a des
bras, dit peut-être le moucheron, mais j'ai des
ailes. S'il a des armes, dit le lion, n'avons-nous
pas des ongles ? L'éléphant nous verra comme
des insectes ; et tous les animaux, nous accor-
dant volontiers une raison avec laquelle nous
aurions grand besoin de leur instinct, se préten-
dront doués d'un instinct avec lequel ils se passent fort bien de notre raison. Nous avons un si
violent penchant à surfaire nos qualités et à diminuer nos défauts, qu'il semblerait presque
que c'est à l'homme à faire le traité de la force,
et à l'animal celui de la raison.

Quelqu'un de nous s'avisa de demander à
notre aveugle s'il serait content d'avoir des yeux :

« Si la curiosité ne me dominait pas, dit-il, j'aimerais bien autant avoir de longs bras : il me semble que mes mains m'instruiraient mieux de ce qui se passe dans la lune que vos yeux ou vos télescopes ; et puis les yeux cessent plus tôt de voir que les mains de toucher. Il vaudrait donc bien autant qu'on perfectionnât en moi l'organe que j'ai, que de m'accorder celui qui me manque. »

Notre aveugle s'adresse au bruit ou à la voix si sûrement que je ne doute pas qu'un tel exercice ne rendît les aveugles très adroits et très dangereux. Je vais vous en raconter un trait qui vous persuadera combien on aurait tort d'attendre un coup de pierre, ou à s'exposer à un coup de pistolet de sa main, pour peu qu'il eût l'habitude de se servir de cette arme. Il eut dans sa jeunesse une querelle avec un de ses frères, qui s'en trouva fort mal. Impatienté des propos désagréables qu'il en essuyait, il saisit le premier objet qui lui tomba sous la main, le lui lança, l'atteignit au milieu du front, et l'étendit par terre.

Cette aventure et quelques autres le firent appeler à la police. Les signes extérieurs de la puissance qui nous affectent si vivement, n'en imposent point aux aveugles. Le nôtre comparut devant le magistrat comme devant son semblable. Les menaces ne l'intimidèrent point. « Que me ferez-vous ? dit-il à M. Hérault. — Je vous jetterai dans un cul de basse-fosse, lui répondit le magistrat. — Eh ! monsieur, lui répliqua l'aveugle, il y a vingt-cinq ans que j'y suis. » Quelle réponse, madame ! et quel texte pour un homme qui aime autant à moraliser que moi ! Nous sortons de la vie comme d'un spectacle enchanteur ; l'aveugle en sort ainsi que d'un cachot : si nous avons à vivre plus de plaisir que lui, convenez qu'il a bien moins de regret à mourir.

L'aveugle du Puisaux estime la proximité du feu aux degrés de la chaleur ; la plénitude des vaisseaux, au bruit que font en tombant les liqueurs qu'il transvase, et le voisinage des corps, à l'action de l'air sur son visage. Il est si sensible aux moindres vicissitudes qui arrivent dans l'atmosphère, qu'il peut distinguer une rue d'un cul-de-sac. Il apprécie à merveille les poids des corps et les capacités des vaisseaux ; et il s'est fait de ses bras des balances si justes, et de ses doigts des compas si expérimentés, que dans les occasions où cette espèce de statique a lieu, je gagerai toujours pour notre aveugle contre vingt personnes qui voient. Le poli des corps n'a guère moins de nuances pour lui que le son de la voix, et il n'y aurait pas à craindre qu'il prît sa femme pour une autre, à moins qu'il ne gagnât au change. Il y a cependant bien de l'apparence que les femmes seraient communes, chez un peuple d'aveugles, ou que leurs lois contre l'adultère seraient bien rigoureuses. Il serait si facile aux femmes de tromper leurs maris, en convenant d'un signe avec leurs amants !

Il juge de la beauté par le toucher ; cela se comprend : mais ce qui n'est pas si facile à saisir, c'est qu'il fait entrer dans ce jugement la prononciation et le son de la voix. C'est aux anatomistes à nous apprendre s'il y a quelque rapport entre les parties de la bouche et du palais, et la forme extérieure du visage. Il fait de petits ouvrages au tour et à l'aiguille ; il nivelle à l'équerre ; il monte et démonte les machines ordinaires ; il sait assez de musique pour exécuter un morceau dont on lui dit les notes et leurs valeurs. Il estime avec beaucoup plus de précision que nous la durée du temps, par la succession des actions et des pensées. La beauté de la peau, l'embonpoint, la fermeté des chairs, les avantages de la conformation, la douceur de l'haleine, les charmes de la voix, ceux de la prononciation sont des qualités dont il fait grand cas dans les autres.

Il s'est marié pour avoir des yeux qui lui appartinssent. Auparavant, il avait eu dessein de s'associer un sourd qui lui prêterait des yeux, et à qui il apporterait en échange des oreilles. Rien ne m'a tant étonné que son aptitude singulière à un grand nombre de choses ; et lorsque nous lui en témoignâmes notre surprise : « Je m'aperçois bien, messieurs, nous dit-il, que vous n'êtes pas aveugles : vous êtes surpris de ce que je fais ; et pourquoi ne vous étonnez-vous pas aussi de ce que je parle ? » Il y a, je crois, plus de philosophie dans cette réponse qu'il ne prétendait y en mettre lui-même. C'est une chose assez surprenante que la facilité avec laquelle on apprend à parler. Nous ne parvenons à attacher une idée à quantité de termes qui ne peuvent être représentés par des objets sensibles, et qui, pour ainsi dire, n'ont point de corps, que par une suite de combinaisons fines et profondes des analogies que nous remarquons entre ces objets non sensibles et les idées qu'ils excitent ; et il faut avouer conséquemment qu'un aveugle-né doit apprendre à parler plus difficilement qu'un autre, puisque le nombre des objets non sensibles étant beaucoup plus grand pour lui, il a bien moins de champ que nous pour comparer et pour combiner. Comment veut-on, par exemple, que le mot physionomie se fixe dans sa mémoire ? C'est une espèce d'agrément qui consiste en des objets si peu sensibles pour un aveugle, que, faute de l'être assez pour nous-mêmes qui voyons, nous serions fort embarrassés de dire bien précisément ce que c'est que d'avoir de la physionomie. Si c'est principalement dans les yeux qu'elle réside, le toucher n'y peut rien ; et puis, qu'est-ce pour un aveugle que des yeux morts, des yeux vifs, des yeux d'esprit, etc.

Je conclus de là que nous tirons sans doute du concours de nos sens et de nos organes de grands services. Mais ce serait tout autre chose encore si nous les exercions séparément, et si nous n'en employions jamais deux dans les occasions où le secours d'un seul nous suffirait. Ajouter le toucher à la vue, quand on a assez de ses yeux, c'est à deux chevaux, qui sont déjà fort vifs, en atteler un troisième en arbalète qui tire d'un côté, tandis que les autres tirent de l'autre.

Comme je n'ai jamais douté que l'état de nos organes et de nos sens n'ait beaucoup d'influence sur notre métaphysique et sur notre morale, et que nos idées les plus purement intellectuelles, si je puis parler ainsi, ne tiennent de fort près à la conformation de notre corps, je me mis à questionner notre aveugle sur les vices et sur les vertus. Je m'aperçus d'abord qu'il avait une aversion prodigieuse pour le vol ; elle naissait en lui de deux causes : de la facilité qu'on avait de le voler sans qu'il s'en aperçût ; et plus encore, peut-être, de celle qu'on avait de l'apercevoir quand il volait. Ce n'est pas qu'il ne sache très bien se mettre en garde contre le sens qu'il nous connaît de plus qu'à lui, et qu'il ignore la manière de bien cacher un vol. Il ne fait pas grand cas de la pudeur : sans les injures de l'air, dont les vêtements le garantissent, il n'en comprendrait guère l'usage ; et il avoue franchement qu'il ne devine pas pourquoi l'on couvre plutôt une partie du corps qu'une autre, et moins encore par quelle bizarrerie on donne entre ces parties la préférence à certaines, que leur usage et les indispositions auxquelles elles sont sujettes demanderaient que l'on tînt libres. Quoique nous soyons dans un siècle où l'esprit philosophique nous a débarrassés d'un grand nombre de préjugés, je ne crois pas que nous en venions jamais jusqu'à méconnaître les prérogatives de la pudeur aussi parfaitement que mon aveugle. Diogène n'aurait point été pour lui un philosophe.

Comme de toutes les démonstrations extérieures qui réveillent en nous la commisération et les idées de la douleur, les aveugles ne sont affectés que par la plainte, je les soupçonne, en général, d'inhumanité. Quelle différence y a-t-il pour un aveugle, entre un homme qui urine et un homme qui, sans se plaindre, verse son sang ? Nous-mêmes, ne cessons-nous pas de compatir lorsque la distance ou la petitesse des objets produit le même effet sur nous que la privation de la vue sur les aveugles ? tant nos vertus dépendent de notre manière de sentir et du degré auquel les choses extérieures nous affectent ! Aussi je ne doute point que, sans la crainte du châtiment, bien des gens n'eussent moins de peine à tuer un homme à une distance où ils ne le verraient gros que comme une hirondelle, qu'à égorger un bœuf de leurs mains. Si nous avons de la compassion pour un cheval qui souffre, et si nous écrasons une fourmi sans aucun scrupule, n'est-ce pas le même principe qui nous détermine ? Ah, madame ! que la morale des aveugles est différente de la nôtre ! que celle d'un sourd différerait encore de celle d'un aveugle, et qu'un être qui aurait un sens de plus que nous trouverait notre morale imparfaite, pour ne rien dire de pis !

Notre métaphysique ne s'accorde pas mieux avec la leur. Combien de principes pour eux qui ne sont que des absurdités pour nous, et réciproquement ! Je pourrais entrer là-dessus dans un détail qui vous amuserait sans doute, mais que de certaines gens, qui voient du crime à tout, ne manqueraient pas d'accuser d'irréligion, comme s'il dépendait de moi de faire apercevoir aux aveugles les choses autrement qu'ils ne les aperçoivent. Je me contenterai d'observer une chose dont je crois qu'il faut que tout le monde convienne : c'est que ce grand raisonnement, qu'on tire des merveilles de la nature, est bien faible pour des aveugles. La facilité que nous avons de créer, pour ainsi dire, de nouveaux objets par le moyen d'une petite glace, est quelque chose de plus incompréhensible pour eux que des astres qu'ils ont été condamnés à ne voir jamais. Ce globe lumineux qui s'avance d'orient en occident les étonne moins qu'un petit feu qu'ils ont la commodité d'augmenter ou de diminuer : comme ils voient la matière d'une manière beaucoup plus abstraite que nous, ils sont moins éloignés de croire qu'elle pense.

Si un homme qui n'a vu que pendant un jour ou deux se trouvait confondu chez un peuple d'aveugles, il faudrait qu'il prît le parti de se taire, ou celui de passer pour un fou. Il leur annoncerait tous les jours quelque nouveau mystère, qui n'en serait un que pour eux, et que les esprits forts se sauraient bon gré de ne pas croire. Les défenseurs de la religion ne pourraient-ils pas tirer un grand parti d'une incrédulité si opiniâtre, si juste même, à certains égards, et cependant si peu fondée ? Si vous vous prêtez pour un instant à cette supposition, elle vous rappellera, sous des traits empruntés, l'histoire et les persécutions de ceux qui ont eu le malheur de rencontrer la vérité dans des siècles de ténèbres, et l'imprudence de la déceler à leurs aveugles contemporains, entre lesquels ils n'ont point eu d'ennemis plus cruels que ceux qui, par leur état et leur éducation, semblaient devoir être les moins éloignés de leurs sentiments.

Je laisse donc la morale et la métaphysique des aveugles, et je passe à des choses qui sont moins importantes, mais qui tiennent de plus près au but des observations qu'on fait ici de toutes parts depuis l'arrivée du Prussien. Première question. Comment un aveugle-né se forme-t-il des idées des figures ? Je crois que les mouvements de son corps, l'existence successive de sa main en plusieurs lieux, la sensation non interrompue d'un corps qui passe entre ses doigts, lui donnent la notion de direction. S'il les glisse le long d'un fil bien tendu, il prend l'idée d'une ligne droite ; s'il suit la courbe d'un fil lâche, il prend celle d'une ligne courbe. Plus généralement, il a, par des expériences réitérées du toucher, la mémoire de sensations éprouvées en différents points : il est maître de combiner ces sensations ou points, d'en former des figures. Une ligne droite, pour un aveugle qui n'est point géomètre, n'est autre chose que la mémoire d'une suite de sensations du toucher, placées dans la direction d'un fil tendu ; une ligne courbe, la mémoire d'une suite de sensations du toucher, rapportées à la surface de quelque corps solide, concave ou convexe. L'étude rectifie dans le géomètre la notion de ces lignes par les propriétés qu'il leur découvre. Mais, géomètre ou non, l'aveugle-né rapporte tout à l'extrémité de ses doigts. Nous combinons des points colorés ; il ne combine, lui, que des points palpables, ou, pour parler plus exactement, que des sensations du toucher dont il a mémoire. Il ne se passe rien dans sa tête d'analogue à ce qui se passe dans la nôtre : il n'imagine point ; car, pour imaginer, il faut colorer un fond et détacher de ce fond des points, en leur supposant une couleur différente de celle du fond. Restituez à ces points la même couleur qu'au fond, à l'instant ils se confondent avec lui, et la figure disparaît ; du moins, c'est ainsi que les choses s'exécutent dans mon imagination ; et je présume que les autres n'imaginent pas autrement que moi. Lors donc que je me propose d'apercevoir dans ma tête une ligne droite, autrement que par ses propriétés, je commence par la tapisser en dedans d'une toile blanche, dont je détache une suite de points noirs placés dans la même direction. Plus les couleurs du fond et des points sont tranchantes, plus j'aperçois les points distinctement, et une figure d'une couleur fort voisine de celle du fond ne me fatigue pas moins à considérer dans mon imagination que hors de moi, et sur une toile.

Vous voyez donc, madame, qu'on pourrait donner des lois pour imaginer facilement à la fois plusieurs objets diversement colorés ; mais que ces lois ne seraient certainement pas à l'usage d'un aveugle-né. L'aveugle-né, ne pouvant colorer, ni par conséquent figurer comme nous l'entendons, n'a mémoire que de sensations prises par le toucher, qu'il rapporte à différents points, lieux ou distances, et dont il compose des figures. Il est si constant que l'on ne figure point dans l'imagination sans colorer, que si l'on nous donne à toucher dans les ténèbres de petits globules dont nous ne connaissions ni la matière ni la couleur, nous les supposerons aussitôt blancs ou noirs, ou de quelque autre couleur ; ou que, si nous ne leur en attachons aucune, nous n'aurons, ainsi que l'aveugle-né, que la mémoire de petites sensations excitées à l'extrémité des doigts, et telles que de petits corps ronds peuvent les occasionner. Si cette mémoire est très fugitive en nous ; si nous n'avons guère d'idée de la manière dont un aveugle-né fixe, rappelle et combine les sensations du toucher, c'est une suite de l'habitude que nous avons prise par les yeux, de tout exécuter dans notre imagination avec des couleurs. Il m'est cependant arrivé à moi-même, dans les agitations d'une passion violente, d'éprouver un frissonnement dans toute une main ; de sentir l'impression de corps que j'avais touchés il y avait longtemps s'y réveiller aussi vivement que s'ils eussent encore été présents à mon attouchement, et de m'apercevoir très distinctement que les limites de la sensation coïncidaient précisément avec celles de ces corps absents. Quoique la sensation soit indivisible par elle-même, elle occupe, si on peut se servir de ce terme, un espace étendu auquel l'aveugle-né a la faculté d'ajouter ou de retrancher par la pensée, en grossissant ou diminuant la partie affectée. Il compose, par ce moyen, des points, des surfaces, des solides ; il aura même un solide gros comme le globe terrestre, s'il se suppose le bout du doigt gros comme le globe, et occupé par la sensation en longueur, largeur et profondeur.

Je ne connais rien qui démontre mieux la réalité du sens interne que cette faculté faible en nous, mais forte dans les aveugles-nés, de sentir ou de se rappeler la sensation des corps, lors même qu'ils sont absents et qu'ils n'agissent plus pour eux. Nous ne pouvons faire entendre à un aveugle-né comment l'imagination nous peint les objets absents comme s'ils étaient présents ; mais nous pouvons très bien reconnaître en nous la faculté de sentir à l'extrémité d'un doigt un corps qui n'y est plus, telle qu'elle est dans l'aveugle-né. Pour cet effet, serrez l'index contre le pouce ; fermez les yeux ; séparez vos doigts ; examinez immédiatement après cette séparation ce qui se passe en vous, et dites-moi si la sensation ne dure pas longtemps après que la compression a cessé ; si, pendant que la compression dure, votre âme vous paraît plus dans votre tête qu'à l'extrémité de vos doigts ; et si cette compression ne vous donne pas la notion d'une surface, par l'espace qu'occupe la sensation. Nous ne distinguons la présence des êtres hors de nous, de leur représentation dans notre imagination, que par la force et la faiblesse de l'impression : pareillement, l'aveugle-né ne discerne la sensation d'avec la présence réelle d'un objet à l'extrémité de son doigt, que par la force ou la faiblesse de la sensation même.

Si jamais un philosophe aveugle et sourd de naissance fait un homme à l'imitation de celui de Descartes, j'ose vous assurer, madame, qu'il placera l'âme au bout des doigts ; car c'est de là que lui viennent ses principales sensations, et toutes ses connaissances. Et qui l'avertirait que sa tête est le siège de ses pensées ? Si les travaux de l'imagination épuisent la nôtre, c'est que l'effort que nous faisons pour imaginer est assez semblable à celui que nous faisons pour apercevoir des objets très proches ou très petits. Mais il n'en sera pas de même de l'aveugle et sourd de naissance ; les sensations qu'il aura prises par le toucher seront, pour ainsi dire, le moule de toutes ses idées ; et je ne serais pas surpris qu'après une profonde méditation, il eût les doigts aussi fatigués que nous avons la tête. Je ne craindrais point qu'un philosophe lui objectât que les nerfs sont les causes de nos sensations, et qu'ils partent tous du cerveau : quand ces deux propositions seraient aussi démontrées qu'elles le sont peu, surtout la première, il lui suffirait de se faire expliquer tout ce que les physiciens ont rêvé là-dessus, pour persister dans son sentiment.

Mais si l'imagination d'un aveugle n'est autre chose que la faculté de se rappeler et de combiner des sensations de points palpables, et celle d'un homme qui voit, la faculté de se rappeler et de combiner des points visibles ou colorés, il s'ensuit que l'aveugle-né aperçoit les choses d'une manière beaucoup plus abstraite que nous ; et que dans les questions de pure spéculation, il est peut-être moins sujet à se tromper ; car l'abstraction ne consiste qu'à séparer par la pensée les qualités sensibles des corps, ou les unes des autres, ou du corps même qui leur sert de base ; et l'erreur naît de cette séparation mal faite, ou faite mal à propos ; mal faite, dans les questions métaphysiques ; et faite mal à propos dans les questions physico-mathématiques. Un moyen presque sûr de se tromper en métaphysique, c'est de ne pas simplifier assez les objets dont on s'occupe ; et un secret infaillible pour arriver en physico-mathématique à des résultats défectueux, c'est de les supposer moins composés qu'ils ne le sont.

Il y a une espèce d'abstraction dont si peu d'hommes sont capables, qu'elle semble réservée aux intelligences pures ; c'est celle par laquelle tout se réduirait à des unités numériques. Il faut convenir que les résultats de cette géométrie seraient bien exacts, et ses formules bien générales ; car il n'y a point d'objets, soit dans la nature, soit dans le possible, que ces unités simples ne pussent représenter, des points, des lignes, des surfaces, des solides, des pensées, des idées, des sensations, et... si, par hasard, c'était le fondement de la doctrine de Pythagore, on pourrait dire de lui qu'il échoua dans son projet, parce que cette manière de philosopher est trop au-dessus de nous, et trop approchante de celle de l'Être suprême, qui, selon l'expression ingénieuse d'un géomètre anglais, *géométrise* perpétuellement dans l'univers.

L'unité pure et simple est un symbole trop vague et trop général pour nous. Nos sens nous ramènent à des signes plus analogues à l'étendue de notre esprit et à la conformation de nos organes. Nous avons même fait en sorte que ces signes pussent être communs entre nous, et qu'ils servissent, pour ainsi dire, d'entrepôt au commerce mutuel de nos idées. Nous en avons institué pour les yeux, ce sont les caractères ; pour l'oreille, ce sont les sons articulés ; mais nous n'en avons aucun pour le toucher, quoiqu'il y ait une manière propre de parler à ce sens, et d'en obtenir des réponses. Faute de cette langue, la communication est entièrement rompue entre nous et ceux qui naissent sourds, aveugles et muets. Ils croissent ; mais ils restent dans un état d'imbécillité. Peut-être acquerraient-ils des idées, si l'on se faisait entendre à eux dès l'enfance d'une manière fixe, déterminée, constante et uniforme ; en un mot, si on leur traçait sur la main les mêmes caractères que nous traçons sur le papier, et que la même signification leur demeurât invariablement attachée.

Ce langage, madame, ne vous paraît-il pas aussi commode qu'un autre ? n'est-il pas même tout inventé ? et oseriez-vous nous assurer qu'on ne vous a jamais rien fait entendre de cette manière ? Il ne s'agit donc que de le fixer et d'en faire une grammaire et des dictionnaires, si l'on trouve que l'expression, par les caractères ordinaires de l'écriture, soit trop lente pour ce sens.

Les connaissances ont trois portes pour entrer dans notre âme, et nous en tenons une barricadée par le défaut de signes. Si l'on eût négligé les deux autres, nous en serions réduits à la condition des animaux. De même que nous n'avons que le serré pour nous faire entendre au sens du toucher, nous n'aurions que le cri pour parler à l'oreille. Madame, il faut manquer d'un sens pour connaître les avantages des symboles destinés à ceux qui restent ; et des gens qui auraient le malheur d'être sourds, aveugles et muets, ou qui viendraient à perdre ces trois sens par quelque accident, seraient bien charmés qu'il y eût une langue nette et précise pour le toucher. Fin 1ère partie

Il est bien plus court d'user de symboles tout inventés que d'en être inventeur, comme on y est forcé, lorsqu'on est pris au dépourvu. Quel avantage n'eût-ce pas été pour Saunderson de trouver une arithmétique palpable toute préparée à l'âge de cinq ans, au lieu d'avoir à l'imaginer à l'âge de vingt-cinq ! Ce Saunderson, madame, est un autre aveugle dont il ne sera pas hors de propos de vous entretenir. On en raconte des prodiges ; et il n'y en a aucun que ses progrès dans les belles-lettres, et son habileté dans les sciences mathématiques, ne puissent rendre croyable.

La même machine lui servait pour les calculs algébriques et pour la description des figures rectilignes. Vous ne seriez pas fâchée qu'on vous en fît l'explication, pourvu que vous fussiez en état de l'entendre ; et vous allez voir qu'elle ne suppose aucune connaissance que vous n'ayez, et qu'elle vous serait très utile, s'il vous prenait jamais envie de faire de longs calculs à tâtons.

Imaginez un carré, tel que vous le voyez fig. 1 et 2, divisé en quatre parties égales par des lignes perpendiculaires aux côtés, en sorte qu'il vous offrît les neuf points 1, 2, 3, 4, 5, 6, 7, 8, 9. Supposez ce carré percé de neuf trous capables de recevoir des épingles de deux espèces, toutes de même longueur et de même grosseur, mais les unes à tête un peu plus grosse que les autres.

Les épingles à grosse tête ne se plaçaient jamais qu'au centre du carré ; celles à petite tête, jamais que sur les côtés, excepté dans un seul cas, celui du zéro. Le zéro se marquait par une épingle à grosse tête, placée au centre du petit carré, sans qu'il y eût aucune autre épingle sur les côtés. Le chiffre 1 était représenté par une épingle à petite tête, placée au centre du carré, sans qu'il y eût aucune autre épingle sur les côtés. Le chiffre 2, par une épingle à grosse tête, placée au centre du carré, et par une épingle à petite tête, placée sur un des côtés au point 1. Le chiffre 3, par une épingle à grosse tête, placée au centre du carré, et par une épingle à petite tête, placée sur un des côtés au point 2. Le chiffre 4, par une épingle à grosse tête, placée au centre du carré, et par une épingle à petite tête, placée sur un des côtés au point 3. Le chiffre 5, par une épingle à grosse tête, placée au centre du carré, et par une épingle à petite tête, placée sur un des côtés au point 4. Le chiffre 6, par une épingle à grosse tête, placée au centre du carré, et par une épingle à petite tête, placée sur un des côtés au point 5. Le chiffre 7, par une épingle à grosse tête, placée au centre du carré, et par une épingle à petite tête, placée sur un des côtés au point 6. Le chiffre 8, par une épingle à grosse tête, placée au centre du carré, et par une épingle à petite tête, placée sur un des côtés au point 7. Le chiffre 9, par une épingle à grosse tête, placée au centre du carré, et par une épingle à petite tête, placée sur un des côtés du carré au point 8.

Voilà bien dix expressions différentes pour le tact, dont chacune répond à un de nos dix caractères arithmétiques.

Imaginez maintenant une table si grande que vous voudrez, partagée en petits carrés rangés horizontalement, et séparés les uns des autres de

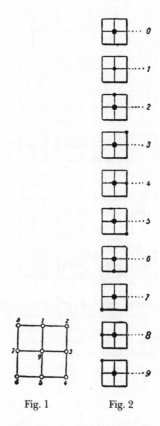

Fig. 1   Fig. 2

la même distance, ainsi que vous le voyez fig. 3, et vous aurez la machine de Saunderson.

Vous concevez facilement qu'il n'y a point de nombre qu'on ne puisse écrire sur cette table, et par conséquent aucune opération arithmétique qu'on n'y puisse exécuter.

Fig. 3

Soit proposé, par exemple, de trouver la somme, ou de faire l'addition des neuf nombres suivants :

Je les écris sur la table, à mesure qu'on me les nomme ; le premier chiffre, à gauche du premier nombre, sur le premier carré à gauche de la première ligne ; le second chiffre, à gauche du premier nombre, sur le second carré à gauche de la même ligne. Et ainsi de suite.

Je place le second nombre sur la seconde rangée de carrés ; les unités sous les unités ; les dizaines sous les dizaines, etc.

Je place le troisième nombre sur la troisième rangée de carrés, et ainsi de suite, comme vous voyez fig. 3. Puis, parcourant avec les doigts chaque rangée verticale de bas en haut, en commençant par celle qui est le plus à ma gauche, je fais l'addition des nombres qui y sont exprimés ; et j'écris le surplus des dizaines au bas de cette colonne. Je passe à la seconde colonne en avançant vers la gauche, sur laquelle j'opère de la même manière ; de celle-là à la troisième, et j'achève ainsi de suite mon addition.

Voici comment la même table lui servait à démontrer les propriétés des figures rectilignes. Supposons qu'il eût à démontrer que les parallélogrammes, qui ont même base et même hauteur, sont égaux en surface : il plaçait ses épingles comme vous les voyez fig. 4. Il attachait des noms aux points angulaires, et il achevait la démonstration avec ses doigts.

En supposant que Saunderson n'employât que des épingles à grosse tête, pour désigner les limites de ses figures, il pouvait disposer autour d'elles des épingles à petite tête de neuf façons différentes, qui toutes lui étaient familières.

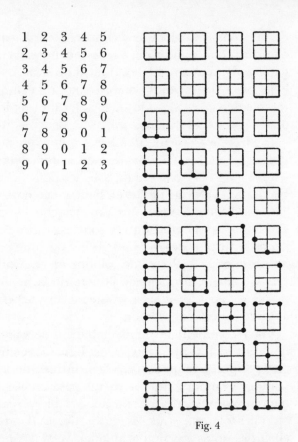

```
1  2  3  4  5
2  3  4  5  6
3  4  5  6  7
4  5  6  7  8
5  6  7  8  9
6  7  8  9  0
7  8  9  0  1
8  9  0  1  2
9  0  1  2  3
```

Fig. 4

Ainsi il n'était guère embarrassé, que dans les cas où le grand nombre de points angulaires qu'il était obligé de nommer dans sa démonstration le forçait de recourir aux lettres de l'alphabet. On ne nous apprend point comment il les employait.

44

Nous savons seulement qu'il parcourait sa table avec une agilité de doigts surprenante ; qu'il s'engageait avec succès dans les calculs les plus longs ; qu'il pouvait les interrompre, et reconnaître quand il se trompait ; qu'il les vérifiait avec facilité ; et que ce travail ne lui demandait pas, à beaucoup près, autant de temps qu'on pourrait se l'imaginer, par la commodité qu'il avait de préparer sa table.

Cette préparation consistait à placer des épingles à grosse tête au centre de tous les carrés. Cela fait, il ne lui restait plus qu'à en déterminer la valeur par les épingles à petite tête, excepté dans les cas où il fallait écrire une unité. Alors il mettait au centre du carré une épingle à petite tête, à la place de l'épingle à grosse tête qui l'occupait.

Quelquefois, au lieu de former une ligne entière avec ses épingles, il se contentait d'en placer à tous les points angulaires ou d'intersection, autour desquels il fixait des fils de soie qui achevaient de former les limites de ses figures. Voyez la fig. 5.

Il a laissé quelques autres machines qui lui facilitaient l'étude de la géométrie : on ignore le véritable usage qu'il en faisait ; et il y aurait peut-être plus de sagacité à le retrouver qu'à résoudre tel ou tel problème de calcul intégral. Que quelque géomètre tâche de nous apprendre à quoi lui servaient quatre morceaux de

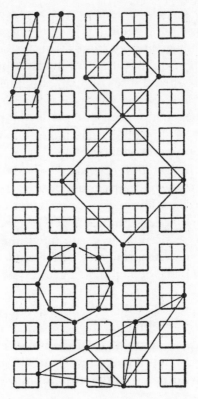

Fig. 5

bois, solides, de la forme de parallélipipèdes rectangulaires, chacun de onze pouces de long sur cinq et demi de large, et sur un peu plus d'un demi-pouce d'épais, dont les deux grandes surfaces opposées étaient divisées en petits carrés semblables à celui de l'abaque que je

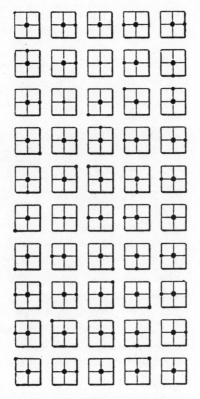

Fig. 6

viens de décrire ; avec cette différence qu'ils n'étaient percés qu'en quelques endroits où des épingles étaient enfoncées jusqu'à la tête. Chaque surface représentait neuf petites tables arithmétiques de dix nombres chacune, et chacun de ces dix nombres était composé de dix

chiffres. La fig. 6 représente une de ces petites
tables ; et voici les nombres qu'elle contenait :

9	4	0	8	4
2	4	1	8	6
4	1	7	9	2
5	4	2	8	4
6	3	9	6	8
7	1	8	8	0
7	8	5	6	8
8	4	3	5	8
8	9	4	6	4
9	4	0	3	0

Il est l'auteur d'un ouvrage très parfait dans
son genre. Ce sont des *Éléments d'algèbre*, où l'on
n'aperçoit qu'il était aveugle qu'à la singularité
de certaines démonstrations qu'un homme qui
voit n'eût peut-être pas rencontrées. C'est à lui
qu'appartient la division du cube en six pyramides égales qui ont leurs sommets au centre du
cube, et pour base chacune de ses faces. On s'en
sert pour démontrer d'une manière très simple
que toute pyramide est le tiers d'un prisme de
même base et de même hauteur.

Il fut entraîné par son goût à l'étude des mathématiques, et déterminé, par la médiocrité
de sa fortune et les conseils de ses amis, à en
faire des leçons publiques. Ils ne doutèrent
point qu'il ne réussît au-delà de ses espérances,
par la facilité prodigieuse qu'il avait à se faire
entendre. En effet, Saunderson parlait à ses élè-

ves comme s'ils eussent été privés de la vue : mais un aveugle qui s'exprime clairement pour des aveugles doit gagner beaucoup avec des gens qui voient ; ils ont un télescope de plus.

Ceux qui ont écrit sa vie disent qu'il était fécond en expressions heureuses ; et cela est fort vraisemblable. Mais qu'entendez-vous par des expressions heureuses ? me demanderez-vous peut-être. Je vous répondrai, madame, que ce sont celles qui sont propres à un sens, au toucher, par exemple, et qui sont métaphoriques en même temps à un autre sens, comme aux yeux ; d'où il résulte une double lumière pour celui à qui l'on parle, la lumière vraie et directe de l'expression, et la lumière réfléchie de la métaphore. Il est évident que dans ces occasions Saunderson, avec tout l'esprit qu'il avait, ne s'entendait qu'à moitié, puisqu'il n'apercevait que la moitié des idées attachées aux termes qu'il employait. Mais qui est-ce qui n'est pas de temps en temps dans le même cas ? Cet accident est commun aux idiots, qui font quelquefois d'excellentes plaisanteries et aux personnes qui ont le plus d'esprit, à qui il échappe une sottise, sans que ni les uns ni les autres s'en aperçoivent.

J'ai remarqué que la disette de mots produisait aussi le même effet sur les étrangers à qui la langue n'est pas encore familière : ils sont forcés de tout dire avec une très petite quantité de termes, ce qui les contraint d'en placer quelques-uns très heureusement. Mais toute langue en général étant pauvre de mots propres pour les écrivains qui ont l'imagination vive, ils sont dans le même cas que des étrangers qui ont beaucoup d'esprit : les situations qu'ils inventent, les nuances délicates qu'ils aperçoivent dans les caractères, la naïveté des peintures qu'ils ont à faire, les écartent à tout moment des façons de parler ordinaires, et leur font adopter des tours de phrases qui sont admirables toutes les fois qu'ils ne sont ni précieux ni obscurs ; défauts qu'on leur pardonne plus ou moins difficilement, selon qu'on a plus d'esprit soi-même, et moins de connaissance de la langue. Voilà pourquoi M. de M... est de tous les auteurs français celui qui plaît le plus aux Anglais ; et Tacite, celui de tous les auteurs latins que les *penseurs* estiment davantage. Les licences de langage nous échappent, et la vérité des termes nous frappe seule.

Saunderson professa les mathématiques dans l'université de Cambridge avec un succès étonnant. Il donna des leçons d'optique ; il prononça des discours sur la nature de la lumière et des couleurs ; il expliqua la théorie de la vision ; il traita des effets des verres, des phénomènes de l'arc-en-ciel et de plusieurs autres matières relatives à la vue et à son organe.

Ces faits perdront beaucoup de leur merveilleux, si vous considérez, madame, qu'il y a trois choses à distinguer dans toute question

mêlée de physique et de géométrie : le phénomène à expliquer, les suppositions du géomètre et le calcul qui résulte des suppositions.
Or, il est évident que, quelle que soit la pénétration d'un aveugle, les phénomènes de la
lumière et des couleurs lui sont inconnus. Il
entendra les suppositions, parce qu'elles sont
toutes relatives à des causes palpables, mais
nullement la raison que le géomètre avait de
les préférer à d'autres : car il faudrait qu'il pût
comparer les suppositions mêmes avec les phénomènes. L'aveugle prend donc les suppositions pour ce qu'on les lui donne ; un rayon de
lumière pour un fil élastique et mince, ou pour
une suite de petits corps qui viennent frapper
nos yeux avec une vitesse incroyable ; et il cal-
cule en conséquence. Le passage de la physique à la géométrie est franchi, et la question
devient purement mathématique.

Mais que devons-nous penser des résultats du
calcul ? 1° Qu'il est quelquefois de la dernière
difficulté de les obtenir, et qu'en vain un physicien serait très heureux à imaginer les hypothèses les plus conformes à la nature, s'il ne
savait les faire valoir par la géométrie : aussi les
plus grands physiciens, Galilée, Descartes, Newton, ont-ils été grands géomètres. 2° Que ces
résultats sont plus ou moins certains, selon que
les hypothèses dont on est parti sont plus ou
moins compliquées. Lorsque le calcul est fondé

sur une hypothèse simple, alors les conclusions acquièrent la force de démonstrations géométriques. Lorsqu'il y a un grand nombre de suppositions, l'apparence que chaque hypothèse soit vraie diminue en raison du nombre des hypothèses, mais augmente d'un autre côté par le peu de vraisemblance que tant d'hypothèses fausses se puissent corriger exactement l'une l'autre, et qu'on en obtienne un résultat confirmé par les phénomènes. Il en serait en ce cas comme d'une addition dont le résultat serait exact, quoique les sommes partielles des nombres ajoutés eussent toutes été prises faussement. On ne peut disconvenir qu'une telle opération ne soit possible ; mais vous voyez en même temps qu'elle doit être fort rare. Plus il y aura de nombres à ajouter, plus il y aura d'apparence que l'on se sera trompé dans l'addition de chacun : mais aussi, moins cette apparence sera grande, si le résultat de l'opération est juste. Il y a donc un nombre d'hypothèses tel que la certitude qui en résulterait serait la plus petite qu'il est possible. Si je fais A, plus B, plus C, égaux à 50, conclurai-je de ce que 50 est en effet la quantité du phénomène, que les suppositions représentées par les lettres A, B, C, sont vraies ? Nullement ; car il y a une infinité de manières d'ôter à l'une de ces lettres et d'ajouter aux deux autres, d'après lesquelles je trouverai toujours 50 pour résultat ; mais le cas de trois hypothèses combinées est peut-être un des plus défavorables.

Un avantage du calcul que je ne dois pas omettre, c'est d'exclure les hypothèses fausses, par la contrariété qui se trouve entre le résultat et le phénomène. Si un physicien se propose de trouver la courbe que suit un rayon de lumière en traversant l'atmosphère, il est obligé de prendre son parti sur la densité des couches de l'air, sur la loi de la réfraction, sur la nature et la figure des corpuscules lumineux, et peut-être sur d'autres éléments essentiels qu'il ne fait point entrer en compte, soit parce qu'il les néglige volontairement, soit parce qu'ils lui sont inconnus. Il détermine ensuite la courbe du rayon. Est-elle autre dans la nature que son calcul ne la donne ? ses suppositions sont incomplètes ou fausses. Le rayon prend-il la courbe déterminée ? il s'ensuit de deux choses l'une : ou que les suppositions se sont redressées, ou qu'elles sont exactes ; mais lequel des deux ? Il l'ignore : cependant voilà toute la certitude à laquelle il peut arriver.

J'ai parcouru les *Éléments d'algèbre* de Saunderson, dans l'espérance d'y rencontrer ce que je désirais d'apprendre de ceux qui l'ont vu familièrement, et qui nous ont instruits de quelques particularités de sa vie ; mais ma curiosité a été trompée ; et j'ai conçu que des éléments de géométrie de sa façon auraient été un ouvrage plus singulier en lui-même et beaucoup plus utile pour nous. Nous y aurions trouvé les définitions du point, de la ligne, de la surface, du solide, de l'angle, des intersections des lignes et des plans, où je ne doute point qu'il n'eût employé des principes d'une métaphysique très abstraite et fort voisine de celle des idéalistes. On appelle *idéalistes* ces philosophes qui, n'ayant conscience que de leur existence et des sensations qui se succèdent au-dedans d'eux-mêmes, n'admettent pas autre chose : système extravagant qui ne pouvait, ce me semble, devoir sa naissance qu'à des aveugles ; système qui, à la honte de l'esprit humain et de la philosophie, est le plus difficile à combattre, quoique le plus absurde de tous. Il est exposé avec autant de franchise que de clarté dans trois dialogues du docteur Berkeley, évêque de Cloyne : il faudrait inviter l'auteur de l'*Essai* sur nos connaissances à examiner cet ouvrage ; il y trouverait matière à des observations utiles, agréables, fines, et telles, en un mot, qu'il les sait faire. L'idéalisme mérite bien de lui être dénoncé ; et cette hypothèse a de quoi le piquer, moins encore par sa singularité que par la difficulté de la réfuter dans ses principes ; car ce sont précisément les mêmes que ceux de Berkeley. Selon l'un et l'autre, et selon la raison, les termes essence, matière, substance, suppôt, etc., ne portent guère par eux-mêmes de lumières dans notre esprit ; d'ailleurs, remarque judicieusement l'auteur de l'*Essai sur l'origine des connaissances humaines*, soit que nous nous élevions jusqu'aux cieux, soit que nous descendions jusque dans les abîmes, nous ne sortons jamais de nous-mêmes ; et ce n'est que notre propre pensée que nous apercevons : or, c'est là le résultat du premier dialogue de Berkeley, et le fondement de tout son système. Ne seriez-vous pas curieuse de voir aux prises deux ennemis, dont les armes se ressemblent si fort ? Si la victoire restait à l'un des deux, ce ne pourrait être qu'à celui qui s'en servirait le mieux ; mais l'auteur de l'*Essai sur l'origine des connaissances humaines* vient de donner, dans un *Traité sur les systèmes*, de nouvelles preuves de l'adresse avec laquelle il sait manier les siennes et montrer combien il est redoutable pour les systématiques.

Nous voilà bien loin de nos aveugles, direz-vous ; mais il faut que vous ayez la bonté, madame, de me passer toutes ces digressions : je vous ai promis un entretien, et je ne puis vous tenir parole sans cette indulgence.

J'ai lu, avec toute l'attention dont je suis capable, ce que Saunderson a dit de l'infini ; je puis vous assurer qu'il avait sur ce sujet des idées très justes et très nettes, et que la plupart de nos *infinitaires* n'auraient été pour lui que des aveugles. Il ne tiendra qu'à vous d'en juger par vous-même : quoique cette matière soit assez difficile et s'étende un peu au-delà de vos

connaissances mathématiques, je ne désespérerais pas, en me préparant, de la mettre à votre
portée et de vous initier dans cette logique infi-
nitésimale.

L'exemple de cet illustre aveugle prouve que
le tact peut devenir plus délicat que la vue
lorsqu'il est perfectionné par l'exercice ; car, en
parcourant des mains une suite de médailles, il
discernait les vraies d'avec les fausses, quoique
celles-ci fussent assez bien contrefaites pour
tromper un connaisseur qui aurait eu de bons
yeux ; et il jugeait de l'exactitude d'un instrument de mathématiques, en faisant passer l'extrémité de ses doigts sur ses divisions. Voilà
certainement des choses plus difficiles à faire,
que d'estimer par le tact la ressemblance d'un
buste avec la personne représentée ; d'où l'on
voit qu'un peuple d'aveugles pourrait avoir des
statuaires, et tirer des statues le même avantage
que nous, celui de perpétuer la mémoire des
belles actions et des personnes qui leur seraient
chères. Je ne doute pas même que le sentiment
qu'ils éprouveraient à toucher les statues ne fût
beaucoup plus vif que celui que nous avons à les
voir. Quelle douceur pour un amant qui aurait
bien tendrement aimé, de promener ses mains
sur des charmes qu'il reconnaîtrait, lorsque
l'illusion qui doit agir plus fortement dans les
aveugles qu'en ceux qui voient, viendrait à les
ranimer ! Mais peut-être aussi que, plus il aurait

de plaisir dans ce souvenir, moins il aurait de regrets.

Saunderson avait de commun avec l'aveugle du Puisaux d'être affecté de la moindre vicissitude qui survenait dans l'atmosphère, et de s'apercevoir, surtout dans les temps calmes, de la présence des objets dont il n'était éloigné que de quelques pas. On raconte qu'un jour qu'il assistait à des observations astronomiques, qui se faisaient dans un jardin, les nuages qui dérobaient de temps en temps aux observateurs le disque du soleil occasionnaient une altération assez sensible dans l'action des rayons sur son visage, pour lui marquer les moments favorables ou contraires aux observations. Vous croirez peut-être qu'il se faisait dans ses yeux quelque ébranlement capable de l'avertir de la présence de la lumière, mais non de celle des objets ; et je l'aurais cru comme vous, s'il n'était certain que Saunderson était privé non seulement de la vue, mais de l'organe.

Saunderson voyait donc par la peau ; cette enveloppe était donc en lui d'une sensibilité si exquise, qu'on peut assurer qu'avec un peu d'habitude il serait parvenu à reconnaître un de ses amis dont un dessinateur lui aurait tracé le portrait sur la main, et qu'il aurait prononcé, sur la succession des sensations excitées par le crayon : *C'est monsieur un tel.* Il y a donc aussi une peinture pour les aveugles, celle à qui leur propre peau servirait de toile. Ces idées sont si peu chimériques, que je ne doute point que, si quelqu'un vous traçait sur la main la petite bouche de M..., vous ne la reconnussiez sur-le-champ. Convenez cependant que cela serait plus facile encore à un aveugle-né qu'à vous, malgré l'habitude que vous avez de la voir et de la trouver charmante, car il entre dans votre jugement deux ou trois choses : la comparaison de la peinture qui s'en ferait sur votre main avec celle qui s'en est faite dans le fond de votre œil ; la mémoire de la manière dont on est affecté des choses que l'on sent, et de celle dont on est affecté par les choses qu'on s'est contenté de voir et d'admirer ; enfin, l'application de ces données à la question qui vous est proposée par un dessinateur qui vous demande, en traçant une bouche sur la peau de votre main avec la pointe de son crayon : *À qui appartient la bouche que je dessine ?* au lieu que la somme des sensations excitées par une bouche sur la main d'un aveugle est la même que la somme des sensations successives réveillées par le crayon du dessinateur qui la lui représente.

Je pourrais ajouter à l'histoire de l'aveugle du Puisaux et de Saunderson celle de Didyme d'Alexandrie, d'Eusèbe l'Asiatique, de Nicaise de Méchlin, et quelques autres qui ont paru si fort élevés au-dessus du reste des hommes, avec un sens de moins, que les poètes auraient pu feindre, sans exagération, que les dieux jaloux les en privèrent de peur d'avoir des égaux parmi les mortels. Car qu'était-ce que ce Tirésias, qui avait lu dans les secrets des dieux, et qui possédait le don de prédire l'avenir, qu'un philosophe aveugle dont la Fable nous a conservé la mémoire ? Mais ne nous éloignons plus de Saunderson, et suivons cet homme extraordinaire jusqu'au tombeau.

Lorsqu'il fut sur le point de mourir, on appela auprès de lui un ministre fort habile, M. Gervaise Holmes ; ils eurent ensemble un entretien sur l'existence de Dieu, dont il nous reste quelques fragments que je vous traduirai de mon mieux ; car ils en valent bien la peine. Le ministre commença par lui objecter les merveilles de la nature : « Eh, monsieur ! lui disait le philosophe aveugle, laissez là tout ce beau spectacle qui n'a jamais été fait pour moi ! J'ai été condamné à passer ma vie dans les ténèbres ; et vous me citez des prodiges que je n'entends point, et qui ne prouvent que pour vous et que pour ceux qui voient comme vous. Si vous voulez que je croie en Dieu, il faut que vous me le fassiez toucher.

— Monsieur, reprit habilement le ministre, portez les mains sur vous-même, et vous rencontrerez la divinité dans le mécanisme admirable de vos organes.

— Monsieur Holmes, reprit Saunderson, je vous le répète, tout cela n'est pas aussi beau pour moi que pour vous. Mais le mécanisme animal fût-il aussi parfait que vous le prétendez, et que je veux bien le croire, car vous êtes un honnête homme très incapable de m'en imposer, qu'a-t-il de commun avec un être souverainement intelligent ? S'il vous étonne, c'est peut-être parce que vous êtes dans l'habitude de traiter de prodige tout ce qui vous paraît au-dessus de vos forces. J'ai été si souvent un objet d'admiration pour vous, que j'ai bien mauvaise opinion de ce qui vous surprend. J'ai attiré du fond de l'Angleterre des gens qui ne pouvaient concevoir comment je faisais de la géométrie : il faut que vous conveniez que ces gens-là n'avaient pas de notions bien exactes de la possibilité des choses. Un phénomène est-il, à notre avis, au-dessus de l'homme ? nous disons aussitôt : *c'est l'ouvrage d'un Dieu* ; notre vanité ne se contente pas à moins. Ne pourrions-nous pas mettre dans nos discours un peu moins d'orgueil, et un peu plus de philosophie ? Si la nature nous offre un nœud difficile à délier, laissons-le pour ce qu'il est ; et n'employons pas à le couper la main d'un être qui devient ensuite pour nous un nouveau nœud plus indissoluble que le premier. Demandez à un Indien pourquoi le monde reste suspendu dans les airs, il vous répondra qu'il est porté sur le dos d'un éléphant ; et l'éléphant sur quoi l'appuiera-t-il ? sur une tortue ; et la tortue, qui la soutiendra ?... Cet Indien vous fait pitié ; et l'on pourrait vous dire comme à lui : Monsieur Holmes mon ami, confessez d'abord votre ignorance, et faites-moi grâce de l'éléphant et de la tortue. »

Saunderson s'arrêta un moment : il attendait apparemment que le ministre lui répondît ; mais par où attaquer un aveugle ? M. Holmes se prévalut de la bonne opinion que Saunderson avait conçue de sa probité, et des lumières de Newton, de Leibniz, de Clarke et de quelques-uns de ses compatriotes, les premiers génies du monde, qui tous avaient été frappés des merveilles de la nature, et reconnaissaient un être intelligent pour son auteur. C'était, sans contredit, ce que le ministre pouvait objecter de plus fort à Saunderson. Aussi le bon aveugle convint-il qu'il y aurait de la témérité à nier ce qu'un homme, tel que Newton, n'avait pas dédaigné d'admettre : il représenta toutefois au ministre que le témoignage de Newton n'était pas aussi fort pour lui que celui de la nature entière pour Newton ; et que Newton croyait sur la parole de Dieu, au lieu que lui il en était réduit à croire sur la parole de Newton.

« Considérez, monsieur Holmes, ajouta-t-il, combien il faut que j'aie de confiance en votre parole et dans celle de Newton. Je ne vois rien, cependant j'admets en tout un ordre admirable ;

mais je compte que vous n'en exigerez pas davantage. Je vous le cède sur l'état actuel de l'univers, pour obtenir de vous en revanche la liberté de penser ce qu'il me plaira de son ancien et premier état, sur lequel vous n'êtes pas moins aveugle que moi. Vous n'avez point ici de témoins à m'opposer ; et vos yeux ne vous sont d'aucune ressource. Imaginez donc, si vous voulez, que l'ordre qui vous frappe a toujours subsisté ; mais laissez-moi croire qu'il n'en est rien ; et que si nous remontions à la naissance des choses et des temps, et que nous sentissions la matière se mouvoir et le chaos se débrouiller, nous rencontrerions une multitude d'êtres informes pour quelques êtres bien organisés. Si je n'ai rien à vous objecter sur la condition présente des choses, je puis du moins vous interroger sur leur condition passée. Je puis vous demander, par exemple, qui vous a dit à vous, à Leibniz, à Clarke et à Newton, que dans les premiers instants de la formation des animaux, les uns n'étaient pas sans tête et les autres sans pieds ? Je puis vous soutenir que ceux-ci n'avaient point d'estomac, et ceux-là point d'intestins ; que tels à qui un estomac, un palais et des dents semblaient promettre de la durée, ont cessé par quelque vice du cœur ou des poumons ; que les monstres se sont anéantis successivement ; que toutes les combinaisons vicieuses de la matière ont disparu, et qu'il n'est resté que celles où le mécanisme n'impliquait aucune contradiction importante, et qui pouvaient subsister par elles-mêmes et se perpétuer.

« Cela supposé, si le premier homme eût eu le larynx fermé, eût manqué d'aliments conve-nables, eût péché par les parties de la généra-tion, n'eût point rencontré sa compagne, ou se fût répandu dans une autre espèce, monsieur Holmes, que devenait le genre humain ? il eût été enveloppé dans la dépuration générale de l'univers ; et cet être orgueilleux qui s'appelle homme, dissous et dispersé entre les molécules de la matière, serait resté, peut-être pour tou-jours, au nombre des possibles.

« S'il n'y avait jamais eu d'êtres informes, vous ne manqueriez pas de prétendre qu'il n'y en aura jamais, et que je me jette dans les hypothè-ses chimériques ; mais l'ordre n'est pas si parfait, continua Saunderson, qu'il ne paraisse encore de temps en temps des productions monstrueu-ses. » Puis, se tournant en face du ministre, il ajouta : « Voyez-moi bien, monsieur Holmes, je n'ai point d'yeux. Qu'avions-nous fait à Dieu, vous et moi, l'un pour avoir cet organe, l'autre pour en être privé ? »

Saunderson avait l'air si vrai et si pénétré en prononçant ces mots, que le ministre et le reste de l'assemblée ne purent s'empêcher de par-tager sa douleur, et se mirent à pleurer amère-ment sur lui. L'aveugle s'en aperçut. « Monsieur

Holmes, dit-il au ministre, la bonté de votre cœur m'était bien connue, et je suis très sensible à la preuve que vous m'en donnez dans ces derniers moments : mais si je vous suis cher, ne m'enviez pas en mourant la consolation de n'avoir jamais affligé personne. »

Puis reprenant un ton un peu plus ferme, il ajouta : « Je conjecture donc que, dans le commencement où la matière en fermentation faisait éclore l'univers, mes semblables étaient fort communs. Mais pourquoi n'assurerais-je pas des mondes ce que je crois des animaux ? Combien de mondes estropiés, manqués, se sont dissipés, se reforment et se dissipent peut-être à chaque instant dans des espaces éloignés, où je ne touche point, et où vous ne voyez pas, mais où le mouvement continue et continuera de combiner des amas de matière, jusqu'à ce qu'ils aient obtenu quelque arrangement dans lequel ils puissent persévérer ? Ô philosophes ! transportez-vous donc avec moi sur les confins de cet univers, au-delà du point où je touche, et où vous voyez des êtres organisés ; promenez-vous sur ce nouvel océan, et cherchez à travers ses agitations irrégulières quelques vestiges de cet être intelligent dont vous admirez ici la sagesse.

« Mais à quoi bon vous tirer de votre élément ? Qu'est-ce que ce monde, monsieur Holmes ? un composé sujet à des révolutions, qui toutes indiquent une tendance continuelle à la destruction ; une succession rapide d'êtres qui s'entre-suivent, se poussent et disparaissent : une symétrie passagère ; un ordre momentané. Je vous reprochais tout à l'heure d'estimer la perfection des choses par votre capacité ; et je pourrais vous accuser ici d'en mesurer la durée sur celle de vos jours. Vous jugez de l'existence successive du monde, comme la mouche éphémère de la vôtre. Le monde est éternel pour vous, comme vous êtes éternel pour l'être qui ne vit qu'un instant : encore l'insecte est-il plus raisonnable que vous. Quelle suite prodigieuse de générations d'éphémères atteste votre éternité ? quelle tradition immense ? Cependant nous passerons tous, sans qu'on puisse assigner ni l'étendue réelle que nous occupions, ni le temps précis que nous aurons duré. Le temps, la matière et l'espace ne sont peut-être qu'un point. »

Saunderson s'agita dans cet entretien un peu plus que son état ne le permettait ; il lui survint un accès de délire qui dura quelques heures, et dont il ne sortit que pour s'écrier : « *Ô Dieu de Clarke et de Newton, prends pitié de moi !* » et mourir.

Ainsi finit Saunderson. Vous voyez, madame, que tous les raisonnements qu'il venait d'objecter au ministre n'étaient pas même capables de rassurer un aveugle. Quelle honte pour des gens qui n'ont pas de meilleures raisons que lui, qui voient, et à qui le spectacle étonnant de la nature annonce, depuis le lever du soleil jusqu'au coucher des moindres étoiles, l'existence et la gloire de son auteur ! Ils ont des yeux, dont Saunderson était privé ; mais Saunderson avait une pureté de mœurs et une ingénuité de caractère qui leur manquent. Aussi ils vivent en aveugles, et Saunderson meurt comme s'il eût vu. La voix de la nature se fait entendre suffisamment à lui à travers les organes qui lui restent, et son témoignage n'en sera que plus fort contre ceux qui se ferment opiniâtrement les oreilles et les yeux. Je demanderais volontiers si le vrai Dieu n'était pas encore mieux voilé pour Socrate par les ténèbres du paganisme, que pour Saunderson par la privation de la vue et du spectacle de la nature.

Je suis bien fâché, madame, que, pour votre satisfaction et la mienne, on ne nous ait pas transmis de cet illustre aveugle d'autres particularités intéressantes. Il y avait peut-être plus de lumières à tirer de ses réponses, que de toutes les expériences qu'on se propose. Il fallait que ceux qui vivaient avec lui fussent bien peu philosophes ! J'en excepte cependant son disciple, M. William Inchlif, qui ne vit Saunderson que dans ses derniers moments, et qui nous a recueilli ses dernières paroles, que je conseillerais à tous ceux qui entendent un peu l'anglais de lire en original dans un ouvrage imprimé à Dublin en 1747, et qui a pour titre : *The Life and character of Dr. Nicholas Saunderson late lucasian*

Professor of the mathematicks in the university of Cambridge ; by his disciple and friend William Inchlif, Esq.
Ils y remarqueront un agrément, une force, une vérité, une douceur qu'on ne rencontre dans aucun autre récit, et que je ne me flatte pas de vous avoir rendus, malgré tous les efforts que j'ai faits pour les conserver dans ma traduction.

Il épousa en 1713 la fille de M. Dickons, recteur de Boxworth, dans la contrée de Cambridge ; il en eut un fils et une fille qui vivent encore. Les derniers adieux qu'il fit à sa famille sont fort touchants. « Je vais, leur dit-il, où nous irons tous ; épargnez-moi des plaintes qui m'attendrissent. Les témoignages de douleur que vous me donnez me rendent plus sensible à ceux qui m'échappent. Je renonce sans peine à une vie qui n'a été pour moi qu'un long désir et qu'une privation continuelle. Vivez aussi vertueux et plus heureux, et apprenez à mourir aussi tranquilles. » Il prit ensuite la main de sa femme qu'il tint un moment serrée entre les siennes : il se tourna le visage de son côté, comme s'il eût cherché à la voir ; il bénit ses enfants, les embrassa tous, et les pria de se retirer, parce qu'ils portaient à son âme des atteintes plus cruelles que les approches de la mort.

L'Angleterre est le pays des philosophes, des curieux, des systématiques ; cependant, sans M. Inchlif, nous ne saurions de Saunderson que ce que les hommes les plus ordinaires nous en auraient appris ; par exemple, qu'il reconnaissait les lieux où il avait été introduit une fois, au bruit des murs et du pavé, lorsqu'ils en faisaient, et cent autres choses de la même nature qui lui étaient communes avec presque tous les aveugles. Quoi donc ! rencontre-t-on si fréquemment en Angleterre des aveugles du mérite de Saunderson ; et y trouve-t-on tous les jours des gens qui n'aient jamais vu, et qui fassent des leçons d'optique ?

On cherche à restituer la vue à des aveugles-nés ; mais si l'on y regardait de plus près, on trouverait, je crois, qu'il y a bien autant à profiter pour la philosophie en questionnant un aveugle de bon sens. On en apprendrait comment les choses se passent en lui, on les comparerait avec la manière dont elles se passent en nous, et l'on tirerait peut-être de cette comparaison la solution des difficultés qui rendent la théorie de la vision et des sens si embarrassée et si incertaine : mais je ne conçois pas, je l'avoue, ce que l'on espère d'un homme à qui l'on vient de faire une opération douloureuse sur un organe très délicat que le plus léger accident dérange, et qui trompe souvent ceux en qui il est sain et qui jouissent depuis longtemps de ses avantages. Pour moi, j'écouterais avec plus de satisfaction sur la théorie des sens un métaphysicien à qui les principes de la métaphysique, les éléments des mathématiques et la conformation des parties seraient familiers, qu'un homme sans éducation et sans connaissances, à qui l'on a restitué la vue par l'opération de la cataracte. J'aurais moins de confiance dans les réponses d'une personne qui voit pour la première fois, que dans les découvertes d'un philosophe qui aurait bien médité son sujet dans l'obscurité ; ou, pour vous parler le langage des poètes, qui se serait crevé les yeux pour connaître plus aisément comment se fait la vision.

Si l'on voulait donner quelque certitude à des expériences, il faudrait du moins que le sujet fût préparé de longue main, qu'on l'élevât, et peut-être qu'on le rendît philosophe : mais ce n'est pas l'ouvrage d'un moment que de faire un philosophe, même quand on l'est ; que sera-ce quand on ne l'est pas ? c'est bien pis quand on croit l'être. Il serait très à propos de ne commencer les observations que longtemps après l'opération. Pour cet effet, il faudrait traiter le malade dans l'obscurité, et s'assurer bien que sa blessure est guérie et que ses yeux sont sains. Je ne voudrais pas qu'on l'exposât d'abord au grand jour ; l'éclat d'une lumière vive nous empêche de voir ; que ne produira-t-il point sur un organe qui doit être de la dernière sensibilité, n'ayant encore éprouvé aucune impression qui l'ait émoussé !

Mais ce n'est pas tout : ce serait encore un point fort délicat, que de tirer parti d'un sujet ainsi préparé ; et que de l'interroger avec assez de finesse pour qu'il ne dît précisément que ce qui se passe en lui. Il faudrait que cet interrogatoire se fît en pleine académie ; ou plutôt, afin de n'avoir point de spectateurs superflus, n'inviter à cette assemblée que ceux qui le mériteraient par leurs connaissances philosophiques, anatomiques, etc... Les plus habiles gens et les meilleurs esprits ne seraient pas trop bons pour cela. Préparer et interroger un aveugle-né n'eût point été une occupation indigne des talents réunis de Newton, Descartes, Locke et Leibniz. *Fin 2on partie*

Début 3eme partie Je finirai cette lettre, qui n'est déjà que trop longue, par une question qu'on a proposée il y a longtemps. Quelques réflexions sur l'état singulier de Saunderson m'ont fait voir qu'elle n'avait jamais été entièrement résolue. On suppose un aveugle de naissance qui soit devenu homme fait, et à qui on ait appris à distinguer, par l'attouchement, un cube et un globe de même métal et à peu près de même grandeur, en sorte que quand il touche l'un et l'autre, il puisse dire quel est le cube et quel est le globe. On suppose que le cube et le globe étant posés sur une table, cet aveugle vienne à jouir de la vue ; et l'on demande si en les voyant sans les toucher il pourra les discerner et dire quel est le cube et quel est le globe.

Ce fut M. Molineux qui proposa le premier cette question, et qui tenta de la résoudre. Il prononça que l'aveugle ne distinguerait point le globe du cube ; « car, dit-il, quoiqu'il ait appris par expérience de quelle manière le globe et le cube affectent son attouchement, il ne sait pourtant pas encore que ce qui affecte son attouchement de telle ou telle manière, doit frapper ses yeux de telle ou telle façon ; ni que l'angle avancé du cube qui presse sa main d'une manière inégale doive paraître à ses yeux tel qu'il paraît dans le cube. »

Locke, consulté sur cette question, dit : « Je suis tout à fait du sentiment de M. Molineux. Je crois que l'aveugle ne serait pas capable, à la première vue, d'assurer avec quelque confiance quel serait le cube et quel serait le globe, s'il se contentait de les regarder, quoiqu'en les touchant il pût les nommer et les distinguer sûrement par la différence de leurs figures, que l'attouchement lui ferait reconnaître. »

M. l'abbé de Condillac, dont vous avez lu l'*Essai sur l'origine des connaissances humaines* avec tant de plaisir et d'utilité, et dont je vous envoie, avec cette lettre, l'excellent *Traité des systèmes*, a là-dessus un sentiment particulier. Il est inutile de vous rapporter les raisons sur lesquelles il s'appuie ; ce serait vous envier le plaisir de relire un ouvrage où elles sont exposées d'une manière si agréable et si philosophique, que de mon côté je risquerais trop à les déplacer. Je me contenterai d'observer qu'elles tendent toutes à démontrer que l'aveugle-né ne voit rien, ou qu'il voit la sphère et le cube différents ; et que les conditions que ces deux corps soient de même métal et à peu près de même grosseur, qu'on a jugé à propos d'insérer dans l'énoncé de la question, y sont superflues, ce qui ne peut être contesté ; car, aurait-il pu dire, s'il n'y a aucune liaison essentielle entre la sensation de la vue et celle du toucher, comme MM. Locke et Molineux le prétendent, ils doivent convenir qu'on pourrait voir deux pieds de diamètre à un corps qui disparaîtrait sous la main. M. de Condillac ajoute cependant que si l'aveugle-né voit les corps, en discerne les figures, et qu'il hésite sur le jugement qu'il en doit porter, ce ne peut être que par des raisons métaphysiques assez subtiles que je vous expliquerai tout à l'heure.

Voilà donc deux sentiments différents sur la même question, et entre des philosophes de la première force. Il semblerait qu'après avoir été maniée par des gens tels que MM. Molineux, Locke et l'abbé de Condillac, elle ne doit plus rien laisser à dire ; mais il y a tant de faces sous lesquelles la même chose peut être considérée, qu'il ne serait pas étonnant qu'ils ne les eussent pas toutes épuisées.

Ceux qui ont prononcé que l'aveugle-né distinguerait le cube de la sphère ont commencé par supposer un fait qu'il importait peut-être d'examiner ; savoir si un aveugle-né, à qui on abattrait les cataractes, serait en état de se servir de ses yeux dans les premiers moments qui succèdent à l'opération. Ils ont dit seulement : « L'aveugle-né, comparant les idées de sphère et de cube qu'il a reçues par le toucher avec celles qu'il en prend par la vue, connaîtra nécessairement que ce sont les mêmes ; et il y aurait en lui bien de la bizarrerie de prononcer que c'est le cube qui lui donne, à la vue, l'idée de sphère et que c'est de la sphère que lui vient l'idée du cube. Il appellera donc sphère et cube, à la vue, ce qu'il appelait sphère et cube au toucher. »

Mais quelle a été la réponse et le raisonnement de leurs antagonistes ? Ils ont supposé pareillement que l'aveugle-né verrait aussitôt qu'il aurait l'organe sain ; ils ont imaginé qu'il en était d'un œil à qui l'on abaisse la cataracte comme un bras qui cesse d'être paralytique : il ne faut point d'exercice, à celui-ci pour sentir, ont-ils dit, ni par conséquent à l'autre pour voir ; et ils ont ajouté : « Accordons à l'aveugle-né un peu plus de philosophie que vous ne lui en donnez, et après avoir poussé le raisonnement jusqu'où vous l'avez laissé, il continuera : mais cependant, qui m'a assuré qu'en approchant de ces corps et en appliquant mes mains sur eux ils ne tromperont pas subitement mon attente, et que le cube ne me renverra pas la sensation de la sphère, et la sphère celle du cube ? Il n'y a que l'expérience qui puisse m'apprendre s'il y a conformité de relation entre la

vue et le toucher : ces deux sens pourraient être
en contradiction dans leurs rapports, sans que
j'en susse rien ; peut-être même croirais-je que
ce qui se présente actuellement à ma vue n'est
qu'une pure apparence, si l'on ne m'avait in-
formé que ce sont là les mêmes corps que j'ai
touchés. Celui-ci me semble, à la vérité, devoir
être le corps que j'appelais cube ; et celui-là le
corps que j'appelais sphère ; mais on ne me demande pas ce qu'il m'en semble, mais ce qui en
est ; et je ne suis nullement en état de satisfaire
à cette dernière question. »

Ce raisonnement, dit l'auteur de l'*Essai sur
l'origine des connaissances humaines,* serait très embarrassant pour l'aveugle-né ; et je ne vois que
l'expérience qui puisse y fournir une réponse. Il
y a toute apparence que M. l'abbé de Condillac
ne veut parler ici que de l'expérience que l'aveugle-né réitérerait lui-même sur les corps par un
second attouchement. Vous sentirez tout à
l'heure pourquoi je fais cette remarque. Au reste,
cet habile métaphysicien aurait pu ajouter qu'un
aveugle-né devait trouver d'autant moins d'absur-
dité à supposer que deux sens pussent être en
contradiction, qu'il imagine qu'un miroir les y
met en effet, comme je l'ai remarqué plus haut.

M. de Condillac observe ensuite que M. Molineux a embarrassé la question de plusieurs
conditions qui ne peuvent ni prévenir ni lever
les difficultés que la métaphysique formerait à

l'aveugle-né. Cette observation est d'autant plus juste, que la métaphysique que l'on suppose à l'aveugle-né n'est point déplacée ; puisque, dans ces questions philosophiques, l'expérience doit toujours être censée se faire sur un philosophe, c'est-à-dire sur une personne qui saisisse, dans les questions qu'on lui propose, tout ce que le raisonnement et la condition de ses organes lui permettent d'y apercevoir.

Voilà, madame, en abrégé, ce qu'on a dit pour et contre sur cette question ; et vous allez voir, par l'examen que j'en ferai, combien ceux qui ont annoncé que l'aveugle-né verrait les figures et discernerait les corps, étaient loin de s'apercevoir qu'ils avaient raison ; et combien ceux qui le niaient avaient de raisons de penser qu'ils n'avaient point tort.

La question de l'aveugle-né, prise un peu plus généralement que M. Molineux ne l'a proposée, en embrasse deux autres que nous allons considérer séparément. On peut demander : 1° si l'aveugle-né verra aussitôt que l'opération de la cataracte sera faite ; 2° dans le cas qu'il voie, s'il verra suffisamment pour discerner les figures ; s'il sera en état de leur appliquer sûrement, en les voyant, les mêmes noms qu'il leur donnait au toucher ; et s'il aura la démonstration que ces noms leur conviennent.

L'aveugle-né verra-t-il immédiatement après la guérison de l'organe ? Ceux qui prétendent qu'il ne verra point, disent : « Aussitôt que l'aveugle-né jouit de la faculté de se servir de ses yeux, toute la scène qu'il a en perspective vient se peindre dans le fond de son œil. Cette image, composée d'une infinité d'objets rassemblés dans un fort petit espace, n'est qu'un amas confus de figures qu'il ne sera pas en état de distinguer les unes des autres. On est presque d'accord qu'il n'y a que l'expérience qui puisse lui apprendre à juger de la distance des objets, et qu'il est même dans la nécessité de s'en approcher, de les toucher, de s'en éloigner, de s'en rapprocher, et de les toucher encore, pour s'assurer qu'ils ne font point partie de lui-même, qu'ils sont étrangers à son être, et qu'il en est tantôt voisin et tantôt éloigné : pourquoi l'expérience ne lui serait-elle pas encore nécessaire pour les apercevoir ? Sans l'expérience, celui qui aperçoit des objets pour la première fois devrait s'imaginer, lorsqu'ils s'éloignent de lui, ou lui d'eux, au-delà de la portée de sa vue, qu'ils ont cessé d'exister ; car il n'y a que l'expérience que nous faisons sur les objets permanents, et que nous retrouvons à la même place où nous les avons laissés qui nous constate leur existence continuée dans l'éloignement. C'est peut-être par cette raison que les enfants se consolent si promptement des jouets dont on les prive. On ne peut pas dire qu'ils les oublient promptement : car si l'on considère qu'il y a des enfants de deux ans et demi qui savent une partie considérable des mots d'une langue, et qu'il leur en coûte plus pour les prononcer que pour les retenir, on sera convaincu que le temps de l'enfance est celui de la mémoire. Ne serait-il pas plus naturel de supposer qu'alors les enfants s'imaginent que ce qu'ils cessent de voir a cessé d'exister, d'autant plus que leur joie paraît mêlée d'admiration, lorsque les objets qu'ils ont perdus de vue viennent à reparaître ? Les nourrices les aident à acquérir la notion des êtres absents, en les exerçant à un petit jeu qui consiste à se couvrir et à se montrer subitement le visage. Ils ont, de cette manière, cent fois en un quart d'heure, l'expérience que ce qui cesse de paraître ne cesse pas d'exister. D'où il s'ensuit que c'est à l'expérience que nous devons la notion de l'existence continuée des objets ; que c'est par le toucher que nous acquérons celle de leur distance ; qu'il faut peut-être que l'œil apprenne à voir, comme la langue à parler ; qu'il ne serait pas étonnant que le secours d'un des sens fût nécessaire à l'autre, et que le toucher, qui nous assure de l'existence des objets hors de nous lorsqu'ils sont présents à nos yeux, est peut-être encore le sens à qui il est réservé de nous constater, je ne dis pas leurs figures et autres modifications, mais même leur présence. »

On ajoute à ces raisonnements les fameuses expériences de Cheselden. Le jeune homme à qui cet habile chirurgien abaissa les cataractes ne distingua, de longtemps, ni grandeurs, ni distances, ni situations, ni mêmes figures. Un objet d'un pouce mis devant son œil, et qui lui cachait une maison, lui paraissait aussi grand que la maison. Il avait tous les objets sur les yeux ; et ils lui semblaient appliqués à cet organe, comme les objets du tact le sont à la peau. Il ne pouvait distinguer ce qu'il avait jugé rond, à l'aide de ses mains, d'avec ce qu'il avait jugé angulaire ; ni discerner avec les yeux si ce qu'il avait senti être en haut ou en bas, était en effet en haut ou en bas. Il parvint, mais ce ne fut pas sans peine, à apercevoir que sa maison était plus grande que sa chambre, mais nullement à concevoir comment l'œil pouvait lui donner cette idée. Il lui fallut un grand nombre d'expériences réitérées pour s'assurer que la peinture représentait des corps solides : et quand il se fut bien convaincu, à force de regarder des tableaux, que ce n'étaient point des surfaces seulement qu'il voyait, il y porta la main, et fut bien étonné de ne rencontrer qu'un plan uni et sans aucune saillie : il demanda alors quel était le trompeur, du sens du toucher, ou du sens de la vue. Au reste, la peinture fit le même effet sur les sauvages, la première fois qu'ils en virent : ils prirent des figures peintes pour des hommes vivants, les interrogèrent, et furent tout surpris de n'en recevoir aucune réponse : cette erreur ne venait certainement pas en eux du peu d'habitude de voir.

Mais, que répondre aux autres difficultés ? qu'en effet, l'œil expérimenté d'un homme fait mieux voir les objets, que l'organe imbécile et tout neuf d'un enfant ou d'un aveugle de naissance à qui l'on vient d'abaisser les cataractes. Voyez, madame, toutes les preuves qu'en donne M. l'abbé de Condillac, à la fin de son *Essai sur l'origine des connaissances humaines,* où il se propose en objection les expériences faites par Cheselden, et rapportées par M. de Voltaire. Les effets de la lumière sur un œil qui en est affecté pour la première fois, et les conditions requises dans les humeurs de cet organe, la cornée, le cristallin, etc..., y sont exposés avec beaucoup de netteté et de force, et ne permettent guère de douter que la vision ne se fasse très imparfaitement dans un enfant qui ouvre les yeux pour la première fois, ou dans un aveugle à qui l'on vient de faire l'opération.

Il faut donc convenir que nous devons apercevoir dans les objets une infinité de choses que l'enfant ni l'aveugle-né n'y aperçoivent point, quoiqu'elles se peignent également au fond de leurs yeux ; que ce n'est pas assez que les objets nous frappent, qu'il faut encore que nous soyons

attentifs à leurs impressions ; que, par conséquent, on ne voit rien la première fois qu'on se
sert de ses yeux ; qu'on n'est affecté, dans les premiers instants de la vision, que d'une multitude
de sensations confuses qui ne se débrouillent
qu'avec le temps et par la réflexion habituelle sur
ce qui se passe en nous ; que c'est l'expérience
seule qui nous apprend à comparer les sensations avec ce qui les occasionne ; que les sensations n'ayant rien qui ressemble essentiellement
aux objets, c'est à l'expérience à nous instruire
sur des analogies qui semblent être de pure insti-
tution : en un mot, on ne peut douter que le toucher ne serve beaucoup à donner à l'œil une
connaissance précise de la conformité de l'objet
avec la représentation qu'il en reçoit ; et je pense
que, si tout ne s'exécutait pas dans la nature par
des lois infiniment générales ; si, par exemple, la
piqûre de certains corps durs était douloureuse,
et celle d'autres corps accompagnée de plaisir,
nous mourrions sans avoir recueilli la cent millio-
nième partie des expériences nécessaires à la
conservation de notre corps et à notre bien-être.

Cependant je ne pense nullement que l'œil
ne puisse s'instruire, ou, s'il est permis de parler
ainsi, s'expérimenter de lui-même. Pour s'assurer, par le toucher, de l'existence et de la figure des objets, il n'est pas nécessaire de voir ;
pourquoi faudrait-il toucher, pour s'assurer des
mêmes choses par la vue ? Je connais tous les

avantages du tact ; et je ne les ai pas déguisés, quand il a été question de Saunderson ou de l'aveugle du Puisaux ; mais je ne lui ai point reconnu celui-là. On conçoit sans peine que l'usage d'un des sens peut être perfectionné et accéléré par les observations de l'autre ; mais nullement qu'il y ait entre leurs fonctions une dépendance essentielle. Il y a assurément dans les corps des qualités que nous n'y apercevrions jamais sans l'attouchement : c'est le tact qui nous instruit de la présence de certaines modifications insensibles aux yeux, qui ne les aperçoivent que quand ils ont été avertis par ce sens ; mais ces services sont réciproques ; et dans ceux qui ont la vue plus fine que le toucher, c'est le premier de ces sens qui instruit l'autre de l'existence d'objets et de modifications qui lui échapperaient par leur petitesse. Si l'on vous plaçait à votre insu, entre le pouce et l'index, un papier ou quelque autre substance unie, mince et flexible, il n'y aurait que votre œil qui pût vous informer que le contact de ces doigts ne se ferait pas immédiatement. J'observerai, en passant, qu'il serait infiniment plus difficile de tromper là-dessus un aveugle qu'une personne qui a l'habitude de voir.

Un œil vivant et animé aurait sans doute de la peine à s'assurer que les objets extérieurs ne font pas partie de lui-même ; qu'il en est tantôt voisin, tantôt éloigné ; qu'ils sont figurés ; qu'ils sont plus grands les uns que les autres ; qu'ils ont de la profondeur, etc., mais je ne doute nullement qu'il ne les vît, à la longue, et qu'il ne les vît assez distinctement pour en discerner au moins les limites grossières. Le nier, ce serait perdre de vue la destination des organes ; ce serait oublier les principaux phénomènes de la vision ; ce serait se dissimuler qu'il n'y a point de peintre assez habile pour approcher de la beauté et de l'exactitude des miniatures qui se peignent dans le fond de nos yeux ; qu'il n'y a rien de plus précis que la ressemblance de la représentation à l'objet représenté ; que la toile de ce tableau n'est pas si petite ; qu'il n'y a nulle confusion entre les figures ; qu'elles occupent à peu près un demi-pouce en carré ; et que rien n'est plus difficile d'ailleurs que d'expliquer comment le toucher s'y prendrait pour enseigner à l'œil à apercevoir, si l'usage de ce dernier organe était absolument impossible sans le secours du premier.

Mais je ne m'en tiendrai pas à de simples présomptions ; et je demanderai si c'est le toucher qui apprend à l'œil à distinguer les couleurs. Je ne pense pas qu'on accorde au tact un privilège aussi extraordinaire : cela supposé, il s'ensuit que, si l'on présente à un aveugle à qui l'on vient de restituer la vue un cube noir, avec une sphère rouge, sur un grand fond blanc, il ne tardera pas à discerner les limites de ces figures.

Il tardera, pourrait-on me répondre, tout le temps nécessaire aux humeurs de l'œil, pour se disposer convenablement : à la cornée, pour prendre la convexité requise à la vision ; à la prunelle, pour être susceptible de la dilatation et du rétrécissement qui lui sont propres ; aux filets de la rétine, pour n'être ni trop ni trop peu sensibles à l'action de la lumière ; au cristallin, pour s'exercer aux mouvements en avant et en arrière qu'on lui soupçonne ; ou aux muscles, pour bien remplir leurs fonctions ; aux nerfs optiques, pour s'accoutumer à transmettre la sensation ; au globe entier de l'œil, pour se prêter à toutes les dispositions nécessaires, et à toutes les parties qui le composent, pour concourir à l'exécution de cette miniature dont on tire si bon parti, quand il s'agit de démontrer que l'œil s'expérimentera de lui-même.

J'avoue que, quelque simple que soit le tableau que je viens de présenter à l'œil d'un aveugle-né, il n'en distinguera bien les parties que quand l'organe réunira toutes les conditions précédentes ; mais c'est peut-être l'ouvrage d'un moment ; et il ne serait pas difficile, en appliquant le raisonnement qu'on vient de m'objecter à une machine un peu composée, à une montre, par exemple, de démontrer, par le détail de tous les mouvements qui se passent dans le tambour, la fusée, les roues, les palettes, le balancier, etc., qu'il faudra quinze jours à l'aiguille pour parcourir l'espace d'une seconde. Si on répond que ces mouvements sont simultanés, je répliquerai qu'il en est peut-être de même de ceux qui se passent dans l'œil, quand il s'ouvre pour la première fois, et de la plupart des jugements qui se font en conséquence. Quoi qu'il en soit de ces conditions qu'on exige dans l'œil pour être propre à la vision, il faut convenir que ce n'est point le toucher qui les lui donne, que cet organe les acquiert de lui-même ; et que, par conséquent, il parviendra à distinguer les figures qui s'y peindront, sans le secours d'un autre sens.

Mais encore une fois, dira-t-on, quand en sera-t-il là ? Peut-être beaucoup plus promptement qu'on ne pense. Lorsque nous allâmes visiter ensemble le cabinet du Jardin Royal, vous souvenez-vous, madame, de l'expérience du miroir concave, et de la frayeur que vous eûtes lorsque vous vîtes venir à vous la pointe d'une épée avec la même vitesse que la pointe de celle que vous aviez à la main s'avançait vers la surface du miroir ? Cependant vous aviez l'habitude de rapporter au-delà des miroirs tous les objets qui s'y peignent. L'expérience n'est donc ni si nécessaire, ni même si infaillible qu'on le pense, pour apercevoir les objets ou leurs images où elles sont. Il n'y a pas jusqu'à votre perroquet qui ne m'en fournît une preuve. La première fois qu'il se vit dans une glace, il en approcha son bec, et ne se rencontrant pas lui-même qu'il prenait pour son semblable, il fit le tour de la glace. Je ne veux point donner au témoignage du perroquet plus de force qu'il n'en a ; mais c'est une expérience animale où le préjugé ne peut avoir de part.

Cependant, m'assurât-on qu'un aveugle-né n'a rien distingué pendant deux mois, je n'en serais point étonné. J'en conclurai seulement la nécessité de l'expérience de l'organe, mais nullement la nécessité de l'attouchement pour l'expérimenter. Je n'en comprendrai que mieux combien il importe de laisser séjourner quelque temps un aveugle-né dans l'obscurité, quand on le destine à des observations ; de donner à ses yeux la liberté de s'exercer, ce qu'il fera plus commodément dans les ténèbres qu'au grand jour ; et de ne lui accorder, dans les expériences, qu'une espèce de crépuscule, ou de se ménager, du moins dans le lieu où elles se feront, l'avantage d'augmenter ou de diminuer à discrétion la clarté. On ne me trouvera que plus disposé à convenir que ces sortes d'expériences seront toujours très difficiles et très incertaines ; et que le plus court en effet, quoiqu'en apparence le plus long, c'est de prémunir le sujet de connaissances philosophiques qui le rendent capable de comparer les deux conditions par lesquelles il a passé, et de nous informer de la différence de l'état d'un aveugle et de celui d'un homme qui voit. Encore une fois, que peut-on attendre de précis de celui qui n'a aucune habitude de réfléchir et de revenir sur lui-même ; et qui, comme l'aveugle de Cheselden, ignore les avantages de la vue, au point d'être insensible à sa disgrâce, et de ne point imaginer que la perte de ce sens nuise beaucoup à ses plaisirs ? Saunderson, à qui l'on ne refusera pas le titre de philosophe, n'avait certainement pas la même indifférence ; et je doute fort qu'il eût été de l'avis de l'auteur de l'excellent *Traité des Systèmes.* Je soupçonnerais volontiers le dernier de ces philosophes d'avoir donné lui-même dans un petit système, lorsqu'il a prétendu « que, si la vie de l'homme n'avait été qu'une sensation non interrompue de plaisir ou de douleur, heureux dans un cas sans aucune idée de malheur, malheureux dans l'autre sans aucune idée de bonheur, il eût joui ou souffert ; et que, comme si telle eût été sa nature, il n'eût point regardé autour de lui pour découvrir si quelque être veillait à sa conservation, ou travaillait à lui nuire ; que c'est le passage alternatif de l'un à l'autre de ces états, qui l'a fait réfléchir, etc... »

Croyez-vous, madame, qu'en descendant de perceptions claires en perceptions claires (car c'est la manière de philosopher de l'auteur, et la bonne), il fût jamais parvenu à cette conclusion ? Il n'en est pas du bonheur et du malheur ainsi que des ténèbres et de la lumière : l'un ne consiste pas dans une privation pure et simple de l'autre. Peut-être eussions-nous assuré que le bonheur ne nous était pas moins essentiel que l'existence et la pensée, si nous en eussions joui sans aucune altération ; mais je n'en peux pas dire autant du malheur. Il eût été très naturel de le regarder comme un état forcé, de se sentir innocent, de se croire pourtant coupable, et d'accuser ou d'excuser la nature, tout comme on fait.

M. l'abbé de Condillac pense-t-il qu'un enfant ne se plaigne quand il souffre, que parce qu'il n'a pas souffert sans relâche depuis qu'il est au monde ? S'il me répond « qu'exister et souffrir ce serait la même chose pour celui qui aurait toujours souffert ; et qu'il n'imaginerait pas qu'on pût suspendre sa douleur sans détruire son existence » ; peut-être, lui répliquerai-je, l'homme malheureux sans interruption n'eût pas dit : Qu'ai-je fait, pour souffrir ? mais qui l'eût empêché de dire : Qu'ai-je fait, pour exister ? Cependant je ne vois pas pourquoi il n'eût point eu les deux verbes synonymes, *j'existe* et *je souffre*, l'un pour la prose, et l'autre pour la poésie, comme nous avons les deux expressions, *je vis* et *je respire*. Au reste, vous remarquerez mieux que moi, madame, que cet endroit de M. l'abbé de Condillac est très parfaitement écrit ; et je crains bien que vous ne disiez, en comparant ma critique avec sa réflexion, que vous aimez mieux encore une erreur de Montaigne qu'une vérité de Charron.

Et toujours des écarts, me direz-vous. Oui, madame, c'est la condition de notre traité. Voici maintenant mon opinion sur les deux questions précédentes. Je pense que la première fois que les yeux de l'aveugle-né s'ouvriront à la lumière, il n'apercevra rien du tout ; qu'il faudra quelque temps à son œil pour s'expérimenter : mais qu'il s'expérimentera de lui-même, et sans le secours du toucher ; et qu'il parviendra non seulement à distinguer les couleurs, mais à discerner au moins les limites grossières des objets. Voyons à présent si, dans la supposition qu'il acquît cette aptitude dans un temps fort court, ou qu'il l'obtînt en agitant ses yeux dans les ténèbres où l'on aurait eu l'attention de l'enfermer et de l'exhorter à cet exercice pendant quelque temps après l'opération et avant les expériences ; voyons, dis-je, s'il reconnaîtrait à la vue les corps qu'il aurait touchés, et s'il serait en état de leur donner les noms qui leur conviennent. C'est la dernière question qui me reste à résoudre.

Pour m'en acquitter d'une manière qui vous plaise, puisque vous aimez la méthode, je distinguerai plusieurs sortes de personnes, sur lesquelles les expériences peuvent se tenter. Si ce sont des personnes grossières, sans éducation, sans connaissances, et non préparées, je pense que, quand l'opération de la cataracte aura parfaitement détruit le vice de l'organe, et que l'œil sera sain, les objets s'y peindront très distinctement ; mais que, ces personnes n'étant habituées à aucune sorte de raisonnement, ne sachant ce que c'est que sensation, idée ; n'étant point en état de comparer les représentations qu'elles ont reçues par le toucher avec celles qui leur viennent par les yeux, elles prononceront : Voilà un rond, voilà un carré, sans qu'il y ait de fond à faire sur leur jugement ; ou même elles conviendront ingénument qu'elles n'aperçoivent rien dans les objets qui se présentent à leur vue qui ressemble à ce qu'elles ont touché.

Il y a d'autres personnes qui, comparant les figures qu'elles apercevront aux corps avec celles qui faisaient impression sur leurs mains, et appliquant par la pensée leur attouchement sur ces corps qui sont à distance, diront de l'un que c'est un carré, et de l'autre que c'est un cercle, mais sans trop savoir pourquoi ; la comparaison des idées qu'elles ont prises par le toucher avec celles qu'elles reçoivent par la vue, ne se faisant pas en elles assez distinctement pour les convaincre de la vérité de leur jugement.

Je passerai, madame, sans digression, à un métaphysicien sur lequel on tenterait l'expérience. Je ne doute nullement que celui-ci ne raisonnât dès l'instant où il commencerait à apercevoir distinctement les objets, comme s'il les avait vus toute sa vie ; et qu'après avoir comparé les idées qui lui viennent par les yeux avec celles qu'il a prises par le toucher, il ne dît, avec la même assurance que vous et moi : « Je serais fort tenté de croire que c'est ce corps que j'ai toujours nommé cercle, et que c'est celui-ci que j'ai toujours appelé carré ; mais je me garderai bien de prononcer que cela est ainsi. Qui m'a révélé que, si j'en approchais, ils ne disparaîtraient pas sous mes mains ? Que sais-je si les objets de ma vue sont destinés à être aussi les objets de mon attouchement ? J'ignore si ce qui m'est visible est palpable ; mais quand je ne serais point dans cette incertitude, et que je croirais sur la parole des personnes qui m'environnent, que ce que je vois est réellement ce que j'ai touché, je n'en serais guère plus avancé. Ces objets pourraient fort bien se transformer dans mes mains, et me renvoyer, par le tact, des sensations toutes contraires à celles que j'en éprouve par la vue. Messieurs, ajouterait-il, ce corps me semble le carré, celui-ci, le cercle ; mais je n'ai aucune science qu'ils soient tels au toucher qu'à la vue. »

Si nous substituons un géomètre au métaphysicien, Saunderson à Locke, il dira comme lui que, s'il en croit ses yeux, des deux figures qu'il voit, c'est celle-là qu'il appelait carré, et celle-ci qu'il appelait cercle : « car je m'aperçois, ajouterait-il, qu'il n'y a que la première où je puisse arranger les fils et placer les épingles à grosse tête, qui marquaient les points angulaires du carré ; et qu'il n'y a que la seconde à laquelle je puisse inscrire ou circonscrire les fils qui m'étaient nécessaires pour démontrer les propriétés du cercle. Voilà donc un cercle ! voilà donc un carré ! Mais, aurait-il continué avec Locke, peut-être que, quand j'appliquerai mes mains sur ces figures, elles se transformeront l'une en l'autre, de manière que la même figure pourrait me servir à démontrer aux aveugles les propriétés du cercle, et à ceux qui voient, les propriétés du carré. Peut-être que je verrais un carré, et qu'en même temps je sentirais un cercle. Non, aurait-il repris ; je me trompe. Ceux à qui je démontrais les propriétés du cercle et du carré n'avaient pas les mains sur mon abaque et ne touchaient pas les fils que j'avais tendus et qui limitaient mes figures ; cependant ils me comprenaient. Ils ne voyaient donc pas un carré, quand je sentais un cercle ; sans quoi nous ne nous fussions jamais entendus ; je leur eusse tracé une figure, et démontré les propriétés d'une autre ; je leur eusse donné une ligne droite pour un arc de cercle, et un arc de cercle pour une ligne droite. Mais puisqu'ils m'entendaient tous, tous les hommes voient donc les uns comme les autres : je vois donc carré ce qu'ils voyaient carré, et circulaire ce qu'ils voyaient circulaire. Ainsi voilà ce que j'ai toujours nommé carré, et voilà ce que j'ai toujours nommé cercle. »

J'ai substitué le cercle à la sphère, et le carré au cube parce qu'il y a toute apparence que nous ne jugeons des distances que par l'expérience ; et conséquemment, que celui qui se sert de ses yeux pour la première fois ne voit que des surfaces, et qu'il ne sait ce que c'est que saillie ; la saillie d'un corps à la vue consistant en ce que quelques-uns de ses points paraissent plus voisins de nous que les autres.

Mais quand l'aveugle-né jugerait, dès la première fois qu'il voit, de la saillie et de la solidité des corps, et qu'il serait en état de discerner, non seulement le cercle du carré, mais aussi la sphère du cube, je ne crois pas pour cela qu'il en fût de même de tout autre objet plus composé. Il y a bien de l'apparence que l'aveugle-né de M. de Réaumur a discerné les couleurs les unes des autres mais il y a trente à parier contre un qu'elle a prononcé au hasard sur la sphère et sur le cube ; et je tiens pour certain, qu'à moins d'une révélation, il ne lui a pas été possible de reconnaître ses gants, sa robe de chambre et son soulier. Ces objets sont chargés d'un si grand nombre de modifications ; il y a si peu de rapports entre leur forme totale et celle des membres qu'ils sont destinés à orner ou à couvrir que c'eût été un problème cent fois plus embarrassant pour Saunderson, de déterminer l'usage de son bonnet carré, que pour M. d'Alembert ou Clairaut, celui de retrouver l'usage de ses tables.

Saunderson n'eût pas manqué de supposer qu'il règne un rapport géométrique entre les choses et leur usage ; et conséquemment il eût aperçu en deux ou trois analogies, que sa calotte était faite pour sa tête : il n'y a là aucune forme arbitraire qui tendît à l'égarer. Mais qu'eût-il pensé des angles et de la houppe de son bonnet carré ? À quoi bon cette touffe ? pourquoi plutôt quatre angles que six ? se fût-il demandé ; et ces deux modifications, qui sont pour nous une affaire d'ornement, auraient été pour lui la source d'une foule de raisonnements absurdes, ou plutôt l'occasion d'une excellente satire de ce que nous appelons le bon goût.

En pesant mûrement les choses, on avouera que la différence qu'il y a entre une personne qui a toujours vu, mais à qui l'usage d'un objet est inconnu, et celle qui connaît l'usage d'un objet, mais qui n'a jamais vu, n'est pas à l'avantage de celle-ci : cependant, croyez-vous, madame, que si l'on vous montrait aujourd'hui, pour la première fois, une garniture, vous parvinssiez jamais à deviner que c'est un ajustement, et que c'est un ajustement de tête ? Mais, s'il est d'autant plus difficile à un aveugle-né, qui voit pour la première fois, de bien juger des objets selon qu'ils ont un plus grand nombre de formes, qui l'empêcherait de prendre un observateur tout habillé et immobile dans un fauteuil placé devant lui pour un meuble ou pour une machine, et un arbre dont l'air agiterait les feuilles et les branches, pour un être se mouvant, animé et pensant ? Madame, combien nos sens nous suggèrent de choses ; et que nous aurions de peine, sans nos yeux, à supposer qu'un bloc de marbre ne pense ni ne sent !

Il reste donc pour démontré, que Saunderson aurait été assuré qu'il ne se trompait pas dans le jugement qu'il venait de porter du cercle et du carré seulement ; et qu'il y a des cas où le raisonnement et l'expérience des autres peuvent éclairer la vue sur la relation du toucher, et l'instruire que ce qui est tel pour l'œil, est tel aussi pour le tact.

Il n'en serait cependant pas moins essentiel, lorsqu'on se proposerait la démonstration de quelque proposition d'éternelle vérité, comme on les appelle, d'éprouver sa démonstration, en la privant du témoignage des sens ; car vous apercevez bien, madame, que, si quelqu'un prétendait vous prouver que la projection de deux lignes parallèles sur un tableau doit se faire par deux lignes convergentes, parce que deux allées paraissaient telles, il oublierait que la proposition est vraie pour un aveugle comme pour lui.

Mais la supposition précédente de l'aveugle-né en suggère deux autres, l'une d'un homme qui aurait vu dès sa naissance, et qui n'aurait point eu le sens du toucher, et l'autre d'un homme en qui le sens de la vue et du toucher seraient perpétuellement en contradiction. On pourrait demander du premier si, lui restituant le sens qui lui manque, et lui ôtant le sens de la vue par un bandeau, il reconnaîtrait les corps au toucher. Il est évident que la géométrie, en cas qu'il fût instruit, lui fournirait un moyen infaillible de s'assurer si les témoignages des deux sens sont contradictoires ou non. Il n'aurait qu'à prendre le cube ou la sphère entre ses mains, en démontrer à quelqu'un les propriétés, et prononcer, si on le comprend, qu'on voit cube ce qu'il sent cube, et que c'est par conséquent le cube qu'il tient. Quant à celui qui ignorerait cette science, je pense qu'il ne lui serait pas plus facile de discerner, par le toucher, le cube de la sphère, qu'à l'aveugle de M. Molineux de les distinguer par la vue.

À l'égard de celui en qui les sensations de la vue et du toucher seraient perpétuellement contradictoires, je ne sais ce qu'il penserait des formes, de l'ordre, de la symétrie, de la beauté, de la laideur, etc... Selon toute apparence, il serait, par rapport à ces choses, ce que nous sommes relativement à l'étendue et à la durée réelles des êtres. Il prononcerait, en général, qu'un corps a une forme ; mais il devrait avoir du penchant à croire que ce n'est ni celle qu'il voit ni celle qu'il sent. Un tel homme pourrait bien être mécontent de ses sens ; mais ses sens ne seraient ni contents ni mécontents des objets. S'il était tenté d'en accuser un de fausseté, je crois que ce serait au toucher qu'il s'en prendrait. Cent circonstances l'inclineraient à penser que la figure des objets change plutôt par l'action de ses mains sur eux, que par celle des objets sur ses yeux. Mais en conséquence de ces préjugés, la différence de dureté et de mollesse, qu'il observerait dans les corps, serait fort embarrassante pour lui. *Fin 3ème partie*

Début conclusion Mais de ce que nos sens ne sont pas en contradiction sur les formes, s'ensuit-il qu'elles nous soient mieux connues ? Qui nous a dit que nous n'avons point affaire à des faux témoins ? Nous jugeons pourtant. Hélas ! madame, quand on a mis les connaissances humaines dans la balance de Montaigne, on n'est pas éloigné de prendre sa devise. Car, que savons-nous ? ce que c'est que la matière ? nullement ; ce que c'est que l'esprit et la pensée ? encore moins ; ce que c'est que le mouvement, l'espace et la durée ? point du tout ; des vérités géométriques ? Interrogez des mathématiciens de bonne foi, et ils vous avoueront que leurs propositions sont toutes identiques, et que tant de volumes sur le cercle, par exemple, se réduisent à nous répéter en cent mille façons différentes que c'est une figure où toutes les lignes tirées du centre à la circonférence sont égales. Nous ne savons donc presque rien ; cependant, combien d'écrits dont les auteurs ont tous prétendu savoir quelque chose ! Je ne devine pas pourquoi le monde ne s'ennuie point de lire et de ne rien apprendre, à moins que ce soit par la même raison qu'il y a deux heures que j'ai l'honneur de vous entretenir, sans m'ennuyer et sans vous rien dire.

Je suis avec un profond respect.

Madame

Votre très humble et très obéissant serviteur,

***

ADDITION
À LA LETTRE PRÉCÉDENTE

Je vais jeter sans ordre, sur le papier, des phénomènes qui ne m'étaient pas connus, et qui serviront de preuves ou de réfutations à quelques paragraphes de ma *Lettre sur les aveugles*. Il y a trente-trois à trente-quatre ans que je l'écrivais ; je l'ai relue sans partialité, et je n'en suis pas trop mécontent. Quoique la première partie m'en ait paru plus intéressante que la seconde, et que j'aie senti que celle-là pouvait être un peu plus étendue et celle-ci beaucoup plus courte, je les laisserai l'une et l'autre telles que je les ai faites, de peur que la page du jeune homme n'en devînt pas meilleure par la retouche du vieillard. Ce qu'il y a de supportable dans les idées et dans l'expression, je crois que je le chercherais inutilement aujourd'hui, et je crains d'être également incapable de corriger ce qu'il y a de répréhensible. Un peintre célèbre de nos jours emploie les dernières années de sa vie à gâter les chefs-d'œuvre qu'il a produits dans la vigueur de son âge. Je ne sais si les défauts qu'il y remarque sont réels ;

mais le talent qui les rectifierait, ou il ne l'eut jamais s'il porta les imitations de la nature jusqu'aux dernières limites de l'art, ou, s'il le posséda, il le perdit, parce que tout ce qui est de l'homme périt avec l'homme. Il vient un temps où le goût donne des conseils dont on reconnaît la justesse, mais qu'on n'a plus la force de suivre.

C'est la pusillanimité qui naît de la conscience de la faiblesse, ou la paresse, qui est une des suites de la faiblesse et de la pusillanimité, qui me dégoûte d'un travail qui nuirait plus qu'il ne servirait à l'amélioration de mon ouvrage.

Solve senescentem mature sanus equum, ne
Peccet ad extremum ridendus, et ilia ducat.

HORAT. *Epistolar.* lib. I,
Epist. I, vers. 8, 9.

PHÉNOMÈNES

I. Un artiste qui possède à fond la théorie de son art, et qui ne le cède à aucun autre dans la pratique, m'a assuré que c'était par le tact et non par la vue qu'il jugeait de la rondeur des pignons ; qu'il les faisait rouler doucement entre le pouce et l'index, et que c'était par l'impression successive qu'il discernait de légères inégalités qui échapperaient à son œil.

II. On m'a parlé d'un aveugle qui connaissait au toucher quelle était la couleur des étoffes.

III. J'en pourrais citer un qui nuance des bouquets avec cette délicatesse dont J.-J. Rousseau se piquait lorsqu'il confiait à ses amis, sérieusement ou par plaisanterie, le dessein d'ouvrir une école où il donnerait leçons aux bouquetières de Paris.

IV. La ville d'Amiens a vu un appareilleur aveugle conduire un atelier nombreux avec autant d'intelligence que s'il avait joui de ses yeux.

V. L'usage des yeux ôtait à un clairvoyant la sûreté de la main ; pour se raser la tête, il écartait le miroir et se plaçait devant une muraille nue. L'aveugle qui n'aperçoit pas le danger en devient d'autant plus intrépide, et je ne doute point qu'il ne marchât d'un pas plus ferme sur des planches étroites et élastiques qui formeraient un pont sur un précipice. Il y a peu de personnes dont l'aspect des grandes profondeurs n'obscurcisse la vue.

VI. Qui est-ce qui n'a pas connu ou entendu parler du fameux Daviel ? J'ai assisté plusieurs fois à ses opérations. Il avait abattu la cataracte à un forgeron qui avait contracté cette maladie au feu continuel de son fourneau ; et pendant les vingt-cinq années qu'il avait cessé de voir, il avait pris une telle habitude de s'en rapporter au toucher, qu'il fallait le maltraiter pour l'engager à se servir du sens qui lui avait été restitué ; Daviel lui disait en le frappant : Veux-tu regarder, bourreau !... Il marchait, il agissait ; tout ce que nous faisons les yeux ouverts, il le faisait, lui, les yeux fermés.

On pourrait en conclure que l'œil n'est pas aussi utile à nos besoins ni aussi essentiel à notre bonheur qu'on serait tenté de le croire. Quelle est la chose du monde dont une longue privation qui n'est suivie d'aucune douleur ne nous rendît la perte indifférente, si le spectacle de la nature n'avait plus de charme pour l'aveugle de Daviel ? La vue d'une femme qui nous serait chère ? je n'en crois rien, quelle que soit la conséquence du fait que je vais raconter. On s'imagine que si l'on avait passé un long temps sans voir, on ne se lasserait point de regarder ; cela n'est pas vrai. Quelle différence entre la cécité momentanée et la cécité habituelle !

VII. La bienfaisance de Daviel conduisait, de toutes les provinces du royaume dans son laboratoire, des malades indigents qui venaient implorer son secours, et sa réputation y appelait une assemblée curieuse, instruite et nombreuse. Je crois que nous en faisions partie le même jour, M. Marmontel et moi. Le malade était assis ; voilà sa cataracte enlevée ; Daviel pose sa main sur des yeux qu'il venait de rouvrir à la lumière. Une femme âgée, debout à côté de lui, montrait le plus vif intérêt au succès de l'opération ; elle tremblait de tous ses membres à chaque mouvement de l'opérateur. Celui-ci lui fait signe d'approcher, et la place à genoux en face de l'opéré ; il éloigne ses mains, le malade ouvre les yeux, il voit, il s'écrie : Ah ! c'est ma mère !... Je n'ai jamais entendu un cri plus pathétique ; il me semble que je l'entends encore. La vieille femme s'évanouit, les larmes coulent des yeux des assistants, et les aumônes tombent de leurs bourses.

VIII. De toutes les personnes qui ont été privées de la vue presque en naissant, la plus surprenante qui ait existé et qui existera, c'est Mlle Mélanie de Salignac, parente de M. de La Fargue, lieutenant général des armées du roi, vieillard qui vient de mourir âgé de quatre-vingt-onze ans, couvert de blessures et comblé d'honneurs ; elle est fille de Mme de Blacy, qui vit encore et qui ne passe pas un jour sans regretter un enfant qui faisait le bonheur de sa vie et l'admiration de toutes ses connaissances. Mme de Blacy est une femme distinguée par l'éminence de ses qualités morales, et qu'on peut interroger sur la vérité de mon récit. C'est sous sa dictée que je recueille de la vie de Mlle de Salignac les particularités qui ont pu m'échapper à moi-même pendant un commerce d'intimité qui a commencé avec elle et avec sa famille en 1760, et qui a duré jusqu'en 1763, l'année de sa mort.

Elle avait un grand fonds de raison, une douceur charmante, une finesse peu commune dans les idées, et de la naïveté. Une de ses tantes invitait sa mère à venir l'aider à plaire à dix-neuf ostrogoths qu'elle avait à dîner, et sa nièce disait : *Je ne conçois rien à ma chère tante ; pourquoi plaire à dix-neuf ostrogoths ? Pour moi, je ne veux plaire qu'à ceux que j'aime.*

Le son de la voix avait pour elle la même séduction ou la même répugnance que la physionomie pour celui qui voit. Un de ses parents, receveur général des finances, eut avec la famille un mauvais procédé auquel elle ne s'attendait pas, et elle disait avec surprise : *Qui l'aurait cru d'une voix aussi douce ?* Quand elle entendait chanter, elle distinguait des voix *brunes* et des voix *blondes*.

Quand on lui parlait, elle jugeait la taille par la direction du son qui la frappait de haut en bas si la personne était grande, ou de bas en haut si la personne était petite.

Elle ne se souciait pas de voir ; et un jour que je lui en demandais la raison : « C'est, me répondit-elle, que je n'aurais que mes yeux, au lieu que je jouis des yeux de tous ; c'est que, par cette privation, je deviens un objet continuel d'intérêt et de commisération ; à tout moment on m'oblige, et à tout moment je suis

103

reconnaissante ; hélas ! si je voyais, bientôt on ne s'occuperait plus de moi. »

Les erreurs de la vue en avaient diminué le prix pour elle. « Je suis, disait-elle, à l'entrée d'une longue allée ; il y a à son extrémité quelque objet : l'un de vous le voit en mouvement ; l'autre le voit en repos ; l'un dit que c'est un animal, l'autre que c'est un homme, et il se trouve, en approchant, que c'est une souche. Tous ignorent si la tour qu'ils aperçoivent au loin est ronde ou carrée. Je brave les tourbillons de la poussière, tandis que ceux qui m'entourent ferment les yeux et deviennent malheureux, quelquefois pendant une journée entière, pour ne les avoir pas assez tôt fermés. Il ne faut qu'un atome imperceptible pour les tourmenter cruellement... » À l'approche de la nuit, elle disait que *notre règne allait finir, et que le sien allait commencer.* On conçoit que, vivant dans les ténèbres avec l'habitude d'agir et de penser pendant une nuit éternelle, l'insomnie qui nous est si fâcheuse ne lui était pas même importune.

Elle ne me pardonnait pas d'avoir écrit que les aveugles, privés des symptômes de la souffrance, devaient être cruels. « Et vous croyez, me disait-elle, que vous entendez la plainte comme moi ? — Il y a des malheureux qui savent souffrir sans se plaindre. — Je crois, ajoutait-elle, que je les aurais bientôt devinés, et que je ne les plaindrais que davantage. »

Elle était passionnée pour la lecture et folle pour la musique. « Je crois, disait-elle, que je ne me lasserais jamais d'entendre chanter ou jouer supérieurement d'un instrument, et quand ce bonheur-là serait, dans le ciel, le seul dont on jouirait, je ne serais pas fâchée d'y être. Vous pensiez juste lorsque vous assuriez de la musique que c'était le plus violent des beaux-arts, sans en excepter ni la poésie, ni l'éloquence ; que Racine même ne s'exprimait pas avec la délicatesse d'une harpe ; que sa mélodie était lourde et monotone en comparaison de celle d'un instrument, et que vous aviez souvent désiré de donner à votre style la force et la légèreté des tons de Bach. Pour moi, c'est la plus belle des langues que je connaisse. Dans les langues parlées, mieux on prononce, plus on articule ses syllabes ; au lieu que, dans la langue musicale, les sons les plus éloignés du grave à l'aigu et de l'aigu au grave, sont filés et se suivent imperceptiblement ; c'est pour ainsi dire une seule et longue syllabe, qui à chaque instant varie d'inflexion et d'expression. Tandis que la mélodie porte cette syllabe à mon oreille, l'harmonie en exécute sans confusion, sur une multitude d'instruments divers, deux, trois, quatre ou cinq, qui tous concourent à fortifier l'expression de la première, et les parties chantantes sont autant d'interprètes dont je me passerais bien, lorsque le symphoniste est l'homme de génie et qu'il sait donner du caractère à son chant.

« C'est surtout dans le silence de la nuit que la musique est expressive et délicieuse.

« Je me persuade que, distraits par leurs yeux, ceux qui voient ne peuvent ni l'écouter ni l'entendre comme je l'écoute et je l'entends. Pourquoi l'éloge qu'on m'en fait me paraît-il pauvre et faible ? pourquoi n'en ai-je jamais pu parler comme je sens ? pourquoi m'arrêtai-je au milieu de mon discours, cherchant des mots qui peignent ma sensation sans les trouver ? Est-ce qu'ils ne seraient pas encore inventés ? Je ne saurais comparer l'effet de la musique qu'à l'ivresse que j'éprouve lorsque, après une longue absence, je me précipite entre les bras de ma mère, que la voix me manque, que les membres me tremblent, que les larmes coulent, que les genoux se dérobent sous moi ; je suis comme si j'allais mourir de plaisir. »

Elle avait le sentiment le plus délicat de la pudeur ; et quand je lui en demandai la raison : « C'est, me disait-elle, l'effet des discours de ma mère ; elle m'a répété tant de fois que la vue de certaines parties du corps invitait au vice : et je vous avouerais, si j'osais, qu'il y a peu de temps que je l'ai comprise, et que peut-être il a fallu que je cessasse d'être innocente. »

Elle est morte d'une tumeur aux parties naturelles, qu'elle n'eut jamais le courage de déclarer.

Elle était, dans ses vêtements, dans son linge, sur sa personne, d'une netteté d'autant plus recherchée que, ne voyant point, elle n'était jamais assez sûre d'avoir fait ce qu'il fallait pour épargner à ceux qui voient le dégoût du vice opposé.

Si on lui versait à boire, elle connaissait, au bruit de la liqueur en tombant, lorsque son verre était assez plein. Elle prenait les aliments avec une circonspection et une adresse surprenantes.

Elle faisait quelquefois la plaisanterie de se placer devant un miroir pour se parer, et d'imiter toutes les mines d'une coquette qui se met sous les armes. Cette petite singerie était d'une vérité à faire éclater de rire.

On s'était étudié, dès sa plus tendre jeunesse, à perfectionner les sens qui lui restaient, et il est incroyable jusqu'où l'on y avait réussi. Le tact lui avait appris, sur les formes des corps, des singularités souvent ignorées de ceux qui avaient les meilleurs yeux.

Elle avait l'ouïe et l'odorat exquis ; elle jugeait, à l'impression de l'air, de l'état de l'atmosphère, si le temps était nébuleux ou serein, si elle marchait dans une place ou dans une rue, dans une rue ou dans un cul-de-sac, dans un lieu ouvert ou dans un lieu fermé, dans un vaste appartement ou dans une chambre étroite.

Elle mesurait l'espace circonscrit par le bruit de ses pieds ou le retentissement de sa voix. Lorsqu'elle avait parcouru une maison, la topographie lui en restait dans la tête, au point de prévenir les autres sur les petits dangers auxquels ils s'exposaient : *Prenez garde*, disait-elle, *ici la porte est trop basse, là vous trouverez une marche.*

Elle remarquait dans les voix une variété qui nous est inconnue, et lorsqu'elle avait entendu parler une personne quelquefois, c'était pour toujours.

Elle était peu sensible aux charmes de la jeunesse et peu choquée des rides de la vieillesse. Elle disait qu'il n'y avait que les qualités du cœur et de l'esprit qui fussent à redouter pour elle. C'était encore un des avantages de la privation de la vue, surtout pour les femmes. *Jamais*, disait-elle, *un bel homme ne me fera tourner la tête.*

Elle était confiante ! Il était si facile, et il eût été si honteux de la tromper ! C'était une perfidie inexcusable de lui laisser croire qu'elle était seule dans un appartement.

Elle n'avait aucune sorte de terreur panique ; elle ressentait rarement de l'ennui ; la solitude lui avait appris à se suffire à elle-même. Elle avait observé que dans les voitures publiques, en voyage, à la chute du jour, on devenait silencieux. *Pour moi*, disait-elle, *je n'ai pas besoin de voir ceux avec qui j'aime à m'entretenir.*

De toutes les qualités, c'étaient le jugement sain, la douceur et la gaîté, qu'elle prisait le plus.

Elle parlait peu et écoutait beaucoup : *Je ressemble aux oiseaux,* disait-elle ; *j'apprends à chanter dans les ténèbres.*

En rapprochant ce qu'elle avait entendu d'un jour à l'autre, elle était révoltée de la contradiction de nos jugements : il lui paraissait presque indifférent d'être louée ou blâmée par des êtres si inconséquents.

On lui avait appris à lire avec des caractères découpés. Elle avait la voix agréable ; elle chantait avec goût ; elle aurait volontiers passé sa vie au concert ou à l'Opéra ; il n'y avait guère que la musique bruyante qui l'ennuyât. Elle dansait à ravir ; elle jouait très bien du par-dessus de viole, et elle avait tiré de ce talent un moyen de se faire rechercher des jeunes personnes de son âge en apprenant les danses et les contredanses à la mode.

C'était la plus aimée de ses frères et de ses sœurs. « Et voilà, disait-elle, ce que je dois encore à mes infirmités : on s'attache à moi par les soins qu'on m'a rendus et par les efforts que j'ai faits pour les reconnaître et pour les mériter. Ajoutez que mes frères et mes sœurs n'en sont point jaloux. Si j'avais des yeux, ce serait aux dépens de mon esprit et de mon cœur. J'ai tant de raisons pour être bonne ! que deviendrais-je si je perdais l'intérêt que j'inspire ? »

Dans le renversement de la fortune de ses parents, la perte des maîtres fut la seule qu'elle regretta ; mais ils avaient tant d'attachement et d'estime pour elle, que le géomètre et le musicien la supplièrent avec instance d'accepter leurs leçons gratuitement, et elle disait à sa mère : *Maman, comment faire ? ils ne sont pas riches, et ils ont besoin de tout leur temps.*

On lui avait appris la musique par des caractères en relief qu'on plaçait sur des lignes éminentes à la surface d'une grande table. Elle lisait ces caractères avec la main ; elle les exécutait sur son instrument, et en très peu de temps d'étude elle avait appris à jouer en partie la pièce la plus longue et la plus compliquée.

Elle possédait des éléments d'astronomie, d'algèbre et de géométrie. Sa mère, qui lui lisait le livre de l'abbé de La Caille, lui demandait quelquefois si elle entendait cela : *Tout courant,* lui répondait-elle.

Elle prétendait que la géométrie était la vraie science des aveugles, parce qu'elle appliquait fortement, et qu'on n'avait besoin d'aucun secours pour se perfectionner. *Le géomètre,* ajoutait-elle, *passe presque toute sa vie les yeux fermés.*

J'ai vu les cartes sur lesquelles elle avait étudié la géographie. Les parallèles et les méridiens sont des fils de laiton ; les limites des royaumes et des provinces sont distinguées par de la broderie en fil, en soie et en laine plus ou moins forte ; les fleuves, les rivières et les montagnes, par des têtes d'épingles plus ou moins grosses ; et les villes plus ou moins considérables, par des gouttes de cire inégales.

Je lui disais un jour : « Mademoiselle, figurez-vous un cube. — Je le vois. — Imaginez au centre du cube un point. — C'est fait. — De ce point tirez des lignes droites aux angles ; eh bien, vous aurez divisé le cube. — En six pyramides égales, ajouta-t-elle d'elle-même, ayant chacune les mêmes faces, la base du cube et la moitié de sa hauteur. — Cela est vrai ; mais où voyez-vous cela ? — Dans ma tête, comme vous. »

J'avoue que je n'ai jamais conçu nettement comment elle figurait dans sa tête sans colorer. Ce cube s'était-il formé par la mémoire des sensations du toucher ? Son cerveau était-il devenu une espèce de main sous laquelle les substances se réalisaient ? S'était-il établi à la longue une sorte de correspondance entre deux sens divers ? Pourquoi ce commerce n'existe-t-il pas en moi, et ne vois-je rien dans ma tête si je ne colore pas ? Qu'est-ce que l'imagination d'un aveugle ? Ce phénomène n'est pas si facile à expliquer qu'on le croirait.

Elle écrivait avec une épingle dont elle piquait sa feuille de papier tendue sur un cadre traversé de deux lames parallèles et mobiles, qui ne laissaient entre elles d'espace vide que l'intervalle d'une ligne à une autre. La même écriture servait pour la réponse, qu'elle lisait en promenant le bout de son doigt sur les petites inégalités que l'épingle ou l'aiguille avait pratiquées au *verso* du papier.

Elle lisait un livre qu'on n'avait tiré que d'un côté. Prault en avait imprimé de cette manière à son usage.

On a inséré dans le *Mercure* du temps une de ses lettres.

Elle avait eu la patience de copier à l'aiguille l'*Abrégé historique* du président Hénault, et j'ai obtenu de madame de Blacy, sa mère, ce singulier manuscrit.

Voici un fait qu'on croira difficilement, malgré le témoignage de toute sa famille, le mien et celui de vingt personnes qui existent encore ; c'est que, d'une pièce de douze à quinze vers, si on lui donnait la première lettre et le nombre de lettres dont chaque mot était composé, elle retrouvait la pièce proposée, quelque bizarre qu'elle fût. J'en ai fait l'expérience sur des amphigouris de Collé. Elle rencontrait quelquefois une expression plus heureuse que celle du poète.

Elle enfilait avec célérité l'aiguille la plus mince, en étendant son fil ou sa soie sur l'index de la main gauche, et en tirant, par l'œil de l'aiguille placée perpendiculairement, ce fil ou cette soie avec une pointe très déliée.

Il n'y avait aucune sorte de petits ouvrages qu'elle n'exécutât ; ourlets, bourses pleines ou symétrisées, à jour, à différents dessins, à diverses couleurs ; jarretières, bracelets, colliers avec de petits grains de verre, comme des lettres d'imprimerie. Je ne doute point qu'elle n'eût été un bon compositeur d'imprimerie : qui peut le plus, peut le moins.

Elle jouait parfaitement le reversis, le médiateur et le quadrille ; elle rangeait elle-même ses cartes, qu'elle distinguait par de petits traits qu'elle reconnaissait au toucher, et que les autres ne reconnaissaient ni à la vue ni au toucher. Au reversis, elle changeait de signes aux as, surtout à l'as de carreau et au quinola. La seule attention qu'on eût pour elle, c'était de nommer la carte en la jouant. S'il arrivait que le quinola fût menacé, il se répandait sur sa lèvre un léger sourire qu'elle ne pouvait contenir quoiqu'elle en connût l'indiscrétion.

Elle était fataliste ; elle pensait que les efforts que nous faisions pour échapper à notre destinée ne servaient qu'à nous y conduire. Quelles étaient ses opinions religieuses ? Je les ignore ; c'est un secret qu'elle gardait par respect pour une mère pieuse.

Il ne me reste plus qu'à vous exposer ses idées sur l'écriture, le dessin, la gravure, la peinture ;

je ne crois pas qu'on en puisse avoir de plus voisines de la vérité ; c'est ainsi, j'espère, qu'on en jugera par l'entretien qui suit, et dont je suis un interlocuteur. Ce fut elle qui parla la première.

« Si vous aviez tracé sur ma main, avec un stylet, un nez, une bouche, un homme, une femme, un arbre, certainement je ne m'y tromperais pas ; je ne désespérerais pas même, si le trait était exact, de reconnaître la personne dont vous m'auriez fait l'image : ma main deviendrait pour moi un miroir sensible ; mais grande est la différence de sensibilité entre cette toile et l'organe de la vue.

Je suppose donc que l'œil soit une toile vivante d'une délicatesse infinie ; l'air frappe l'objet, de cet objet il est réfléchi vers l'œil, qui en reçoit une infinité d'impressions diverses selon la nature, la forme, la couleur de l'objet et peut-être les qualités de l'air qui me sont inconnues et que vous ne connaissez pas plus que moi ; et c'est par la variété de ces sensations qu'il vous est peint.

Si la peau de ma main égalait la délicatesse de vos yeux, je verrais par ma main comme vous voyez par vos yeux, et je me figure quelquefois qu'il y a des animaux qui sont aveugles, et qui n'en sont pas moins clairvoyants.

— Et le miroir ?

— Si tous les corps ne sont pas autant de miroirs, c'est par quelque défaut dans leur contexture, qui éteint la réflexion de l'air. Je tiens d'autant plus à cette idée, que l'or, l'argent, le fer, le cuivre polis, deviennent propres à réfléchir l'air, et que l'eau trouble et la glace rayée perdent cette propriété.

C'est la variété de la sensation, et par conséquent de la propriété de réfléchir l'air dans les matières que vous employez, qui distingue l'écriture du dessin, le dessin de l'estampe, et l'estampe du tableau.

L'écriture, le dessin, l'estampe, le tableau d'une seule couleur, sont autant de camaïeux.

— Mais lorsqu'il n'y a qu'une couleur, on ne devrait discerner que cette couleur.

— C'est apparemment le fond de la toile, l'épaisseur de la couleur et la manière de l'employeur qui introduisent dans la réflexion de l'air une variété correspondante à celle des formes. Au reste, ne m'en demandez plus rien, je ne suis pas plus savante que cela.

— Et je me donnerais bien de la peine inutile pour vous en apprendre davantage. »

Je ne vous ai pas dit, sur cette jeune aveugle, tout ce que j'en aurais pu observer en la fréquentant davantage et en l'interrogeant avec du génie ; mais je vous donne ma parole d'honneur que je ne vous en ai rien dit que d'après mon expérience.

Elle mourut, âgée de vingt-deux ans. Avec une mémoire immense et une pénétration égale à sa mémoire, quel chemin n'aurait-elle pas fait dans les sciences, si des jours plus longs lui avaient été accordés ! Sa mère lui lisait l'histoire, et c'était une fonction également utile et agréable pour l'une et l'autre.

COLLECTION FOLIO 2€

Dernières parutions

Composition Nord Compo
Impression Novoprint
à Barcelone, le 22 août 2011
Dépôt légal : août 2011
Premier dépôt légal dans la collection: avril 2004

ISBN 978-2-07-031454-6./ Imprimé en Espagne.

237350